HEYNE
BÜCHER

Vitalstoff-
tabelle

Alle Angaben in diesem Buch beruhen auf dem aktuellen Stand von Wissenschaft und Forschung sowie auf gelieferten Daten der Lebensmittel-Herstellerfirmen. Sie wurden sorgfältig zusammengestellt. Bitte beachten Sie, daß nach der Veröffentlichung der Vitalstofftabelle möglicherweise Änderungen im Sortiment oder in den Produktrezepturen vorgenommen werden und sich eventuelle Abweichungen zu den in jedem Fall verbindlichen Wertangaben auf den Packungen ergeben können. Wegen dieser Umstände und der bei aller Sorgfalt nicht auszuschließenden Übertragungsfehler können Autorin, Produzenten oder Verlag keine Gewähr für die Angaben übernehmen.

Corinna Hembd

Vitalstofftabelle

**Vitamine, Mineralien &
Spurenelemente der
Lebensmittel von A – Z**

Originalausgabe

WILHELM HEYNE VERLAG
MÜNCHEN

48/36

Umwelthinweis:
Dieses Buch wurde auf
chlor- und säurefreiem Papier gedruckt.

Copyright © 1999 by Wilhelm Heyne Verlag GmbH & Co. KG, München
http://www.heyne.de
Printed in Germany 1999
Konzeption und Realisation: Livingston Media, Hamburg
Redaktion: Ortrun Huber
Umschlagillustration: Studio für Werbefotografie Elmar Kohn, Landshut
Umschlaggestaltung: Atelier Bachmann & Seidel, Reischach
Satz: DTP/Walleitner
Druck und Bindung: Pressedruck, Augsburg

ISBN 3-453-15598-X

Inhalt

Vorwort 7

I. Vitamine:
   Wofür – und wieviel braucht man täglich? 9
1. Vitamin C 9
2. Vitamin A 10
3. Vitamin E 12
4. B-Vitamine 13

II. Mineralien:
   Wofür – und wieviel braucht man täglich? 16
1. Natrium 17
2. Kalium 19
3. Kalzium 21
4. Magnesium 23
5. Phosphor 24

III. Spurenelemente:
   Wofür – und wieviel braucht man täglich? 26
1. Eisen 26
2. Fluor 28

IV. Vitamine, Mineralien und Spurenelemente in Lebensmitteln von A–Z — 30

1. Getreideprodukte, salziges Gebäck und Beilagen — 32
2. Süßes Gebäck — 40
3. Fette — 42
4. Wurst — 42
5. Fleisch — 44
6. Fisch — 50
7. Milch und Milchprodukte — 56
8. Käse — 60
9. Eier — 68
10. Gemüse, Pilze, Hülsenfrüchte, Samen und Nüsse — 68
11. Obst — 80
12. Süßwaren — 88
13. Alkoholika, Spirituosen — 90

Vorwort

In unserer hektischen Zeit wird Essen vielfach fast zur Nebensache. Da wird mal schnell »ein Hamburger eingefahren«, ein »Bierchen gezischt«, oder es werden im Stehen »Pommes gebunkert« – obwohl jeder weiß, daß diese Nahrungsaufnahme nicht die Idealform darstellt. Schon deshalb, weil solchen Nebenbei-Mahlzeiten Vitamine, Mineralstoffe und Spurenelemente fehlen.
Diese Vitalstoffe sind aber unentbehrlich für unseren Körper. Genaugenommen kann ein Mensch ohne diese Stoffe nicht überleben. Sein Zellwachstum würde gestoppt, Organe unterversorgt, Mangelerscheinungen bis hin zur akuten Lebensgefahr können die Folge sein. Eines der bekanntesten Beispiele dafür war die fast bis in unsere Zeit hineinreichende Unterversorgung von Seeleuten mit Vitamin C. Folge: Skorbut. Das hieß Zahnausfall, Haarausfall, Blutungen, Verwirrungszustände – und letztlich konnte diese Mangelkrankheit tödlich enden.
Während es noch einleuchtend erschiene, wenn in Ländern der Dritten Welt beispielsweise Mineralstoffe fehlten, machen Wissenschaftler gegenteilige Beobachtungen. Die Industrieländer haben es mit Pestiziden, Insektiziden und übertriebenem Anbau geschafft, ihre Böden so verarmen zu lassen, daß dort heute eher Mineralstoffe in der Nahrung fehlen als in den armen Ländern. Nehmen Sie sich die Zeit, einmal unsere Tabellen durchzuge-

hen. Vielleicht entdecken Sie dabei, daß gerade Ihr Lieblingsobst einen großen Teil des Tagesbedarfs an Vitamin C deckt. Und kümmern Sie sich dann um die anderen Vitalstoffe. Gesunde Ernährung ist nichts anderes als Vielfalt. Und die macht ohnehin Spaß. Guten Appetit.

I. Vitamine: Wofür – und wieviel braucht man täglich?

Vitamine und andere Vitalstoffe kann man gezielt gegen bestimmte Beschwerden, Krankheiten und zur Leistungssteigerung im körperlichen und geistigen Bereich einsetzen. Auf »gezielt« liegt die Betonung. Denn man sollte nicht wahllos Vitamine in sich hineinschütten – getreu dem Motto »viel hilft auch viel«. Allerdings schadet eine Überdosierung in den meisten Fällen auch nicht. Mit Ausnahme der Vitamine A und D – ein Zuviel dieser beiden fettlöslichen Vitamine kann zu erheblichen gesundheitlichen Störungen führen. Bei Vitamin D im Extremfall sogar zum Tode.

Welche Vitamine und wieviel soll man nun nehmen? Hier eine Liste der wichtigsten Vitamine, ihrer Wirkung und der vom menschlichen Körper benötigten Tagesdosis.

1. Vitamin C

Es gilt als eines der wichtigsten Vitamine. Im Körper wirkt es als Universalgenie, z. B. als Radikalen-Fänger und damit zellschützend, vor allem aber im Immunsystem. So ist es am Aufbau von Antikörpern beteiligt, die Krankheitserreger wie Bakterien und Viren im Körper so kennzeichnen, daß sie von »Killerzellen« der körpereigenen Abwehr als fremd erkannt und vernichtet werden können. Auch in einer Art dieser Killerzellen, den Leukozyten, ist Vitamin C als Baustoff vorhanden. Fehlt dem Körper Vitamin C, sinkt auch die Zahl der Leukozyten, das Immunsystem ist geschwächt.

Vitamin C kann der Mensch nicht selbst im Körper herstellen, ist also auf die Zufuhr von außen angewiesen. Den normalen Tagesbedarf, der auch der Vorbeugung dient, geben Mediziner mit einem bis zehn Gramm an. Bei einer Virusinfektion sind höhere Dosen angebracht. Problem: Vitamin C kann zu Darmbeschwerden (Durchfall) führen. Man sollte sich deshalb an seine persönliche Tagesdosis allmählich herantasten.

Reichlich Vitamin C liefern Kartoffeln, Zitrusfrüchte, Kiwis, Sanddorn, Hagebutten (weiteres siehe im Tabellenteil, besonders unter Obst), sofern sie nicht zu stark behandelt und z. B. durch langes Kochen ausgelaugt werden.

> Als tägliche Dosis an Vitamin C werden von der Deutschen Gesellschaft für Ernährung (DGE) 75 Milligramm empfohlen. Führende Vitaminforscher empfehlen allerdings die doppelte bis vierfache Menge, um die körperliche Belastungsfähigkeit zu verbessern. Raucher haben einen Tagesbedarf von etwa 140 Milligramm.

2. Vitamin A

Vitamin A ist eines der wichtigsten Vitamine für unsere körpereigene Abwehr. Es regt die Schleimproduktion in den Schleimhäuten an, die z. B. in Nase und Mund die erste Barriere gegen Erreger von außen bilden, z. B. gegen Schnupfen – und andere Viren. Werden sie durch intakte Schleimhäute aufgehalten, wird das weitere Immunsystem weniger belastet und kann sich verstärkt anderen Aufgaben widmen. Auch die Darmschleimhaut als wichtiger Zulieferer von Immunzellen profitiert von Vitamin A.

Vor allem aber schützen Vitamin A und seine Vorstufen – sogenannte Karotine aus gelbem und rotem Gemüse oder Blattsalaten – die Zentrale des Immunsystems, die Thymusdrüse, vor Schäden durch Freie Radikale und verstärken die vom Körper produzierten Interferone zur Bekämpfung von schädlichen Erregern. Außerdem wird die Thymusdrüse mit zunehmendem Alter immer kleiner – mit entsprechenden Folgen für die körpereigene Abwehr. Vitamin A kann aber nach neuesten Untersuchungen diesen Schrumpfungsprozeß aufhalten und bei genügend hohem Anteil im Blut die Immunzentrale sogar wieder etwas wachsen lassen. Vitamin A erhöht auch die Zahl der für die Immunabwehr wichtigen Lymphozyten, einer Untergruppe der weißen Blutkörperchen.

Aber: Lebensmittel mit hohem Vitamin A oder Karotingehalt (Leber, Karotten, Spinat, Grünkohl, siehe Tabellenteil) müssen zusammen mit etwas Fett gegessen werden. Denn Vitamin A ist fettlöslich, kann sonst vom Körper nicht ausreichend aufgenommen werden. Der Vitamin-A-Bedarf beträgt täglich etwa 0,9 Milligramm bei Frauen, bei Männern 1,1 Milligramm nach Empfehlungen der DGE (Deutsche Gesellschaft für Ernährung). Zur Vorbeugung gegen Mangelerscheinungen empfehlen

> Experten 0,5 bis 3 Milligramm – je nach Bedarf. Als therapeutische Dosen werden sogar bis 45 Milligramm verordnet. Diese Mengen werden in »Retinol-Äquivalent« (RÄ) angegeben. Dabei bedeutet 1 RÄ eine Menge von 12 Milligramm Provitamin-A-Carotinoide.

Einen erhöhten Bedarf an Vitamin A hat der Körper bei starkem Streß oder reichlichem Fleischverzehr. Auch Schwerkranke oder Schwangere brauchen mehr Vitamin A.
Vitamin A wird im Körper gespeichert. Man kann sich damit förmlich vergiften. Aber das geschieht erst bei sehr hohen Dosen, zumeist in Tablettenform. Ärzte berichten, daß auch die Behandlung mit 100 000 I.E. (= 0,344 g) ihren Patienten nicht schadeten. Zum Glück gibt der Körper aber selbst Warnsignale, wenn man zuviel Vitamin A schluckt. Erstes Anzeichen sind Kopfschmerzen. Dann das Vitamin einfach absetzen. Auch Übelkeit und Erbrechen oder Mattigkeit sind deutliche Warnsignale.

3. Vitamin E

Vitamin E oder seine verschiedenen Formen, die man als Tocopherole bezeichnet, sind fast ein ebenso mächtiges Universalgenie wie Vitamin C, unentbehrlich für zahlreiche Körperfunktionen. Symptome des Mangels an Vitamin E: Leistungsschwäche und Müdigkeit. Seine wichtigste Funktion: Als Zellschutz-Vitamin und Radikalen-Fänger (zusammen mit Vit-

amin A und C) bewahrt es die Immunzentrale, die sogenannte Thymusdrüse, vor Schaden. Darüber hinaus ist Vitamin E durch seine verschiedenen anderen Tätigkeiten im Körper ein wahrer Muntermacher, weil es auch die Adern putzt und so für eine bessere Versorgung mit Sauerstoff sorgt.
Nüsse und Öle sind gute Vitamin E-Spender (siehe Tabellen). Wichtig: Kaltgepreßte Pflanzenöle sind besser als industriell gefertigte, weil sie mehr Vitamin E enthalten.

> Der Tagesbedarf liegt bei 12 Milligramm. Stillende Mütter und Schwangere benötigen etwa 16 Milligramm

4. B-Vitamine

Wenn es um Müdigkeit, Konzentrationsschwäche , Lustlosigkeit oder gar Depressionen geht, sind immer die B-Vitamine mit im Spiel. Von ihnen gibt es eine ganze Gruppe, z. B. Vitamin B_1 oder auch Thiamin, B_3 oder Niacin, B_6 oder Pyridoxin, B_9 oder Folsäure. Sie haben fast alle spezielle Aufgaben. Doch ist ihnen eines gemeinsam: Sie wirken sehr stark auf unser Seelenkostüm. Weshalb man B-Vitamine auch die Nervenvitamine nennt. Herrscht an einem oder mehreren Mangel, kommt es fast immer zu Müdigkeit und stärkeren seelischen Erschöpfungszuständen. Mediziner wissen das. Und behandeln so manche vermeintliche seelische Störung allein mit Vitamin B erfolgreich. Das liegt daran, daß die B-Vitamine – besonders die Folsäure – an der Bildung der beiden wichtigen Botenstoffe Serotonin und Noradrenalin beteiligt sind. Serotonin sorgt dafür, daß wir gut einschlafen können, wirkt also angenehm dämpfend, während Noradrenalin tagsüber dafür sorgt, daß wir freudig an Probleme gehen und sie dann auch bewältigen können.

Überdies sind B-Vitamine ganz kräftig an unserem Stoffwechsel beteiligt, steuern Leberfunktionen und eine geregelte Tätigkeit von Magen und Darm, was wiederum dem Immunsystem sehr zugute kommt.

Ein Mangel an Vitamin B, besonders an Folsäure, ist weit verbreitet. Das liegt daran, daß z. B. bei der industriellen Fertigung von Lebensmitteln – besonders beim Getreide – die Teile vernichtet werden, in denen besonders viel Vitamin B sitzt. Unter anderem in den Keimlingen und Schalen von Getreide. Darum sollte man z. B. Wildreis oder ungeschälten »Naturreis« kochen statt geschälten und polierten. Manche B-Vitamine gehen auch beim Kochen verloren, andere werden durch längere Lagerung an der Luft durch Licht oder Sauerstoff zerstört.

Für eine natürliche Versorgung mit B-Vitaminen eignen sich besonders gut: Leber von Rind, Schwein, Kalb und Geflügel, Weizenkeime, Sojabohnen, Schweinefleisch und Hefe (siehe Tabellen).

Als Tagesdosis der wichtigsten B-Vitamine werden empfohlen:

Vitamin/Tagesdosis	enthalten z. B. in	mg
Thiamin (B_1) 1,5–5 mg	100 g Weizenkeime	2
Riboflavin (B_2) ca. 2 mg	100 g Schweineleber	3,2
Niacin (B_3) 15–20 mg	100 g Leber 100 g Bierhefe	12 35
Pantothensäure (B_5) 10–15 mg	100 g Leber 100 g Weizenkleie	7,5 2,8
Pyridoxin (B_6) Herkömmlich 3 mg, orthomolekular 50–500 mg	100 g Leber 100 g Sojabohnen 100 g Weizenkeime	1 0,85 0,70
Folsäure (B_9) 500 μg	100 g Weizenkeime	520

Diese Tagesdosen sind ungefähre Anhaltspunkte, denn der Bedarf an den verschiedenen B-Vitaminen kann erheblich schwanken.

II. Mineralien: Wofür – und wieviel braucht man täglich?

Mineralstoffe und Spurenelemente sind anorganische chemische Grundstoffe (Elemente) – also nicht aus Pflanzen oder Tieren kommend –, ohne die ebenfalls im großen Zusammenspiel des Stoffwechsels oder Immunsystems nichts läuft. Sie wirken z. B. als Katalysatoren bei der Enzymbildung mit, helfen den Vitaminen bei der Arbeit oder stützen und härten unsere Knochen. Mineralstoffe und Spurenelemente werden meistens in einem Atemzug genannt. Dabei muß man wissen: Auch Spurenelemente sind Mineralstoffe. In der Medizin unterscheidet man sie nur deshalb, weil sie unterschiedlich im Körper vorkommen. Diejenigen, die viel gespeichert oder benötigt werden (z. B. Kalzium), sind die Mineralstoffe, jene, die nur in winzigen Mengen, eben nur »in Spuren« gebraucht werden, die Spurenelemente (z. B. Eisen).

Von uns angegebene Mineralstoffe sind:
• Natrium, Kalium, Kalzium, Magnesium und Phosphor

Zu den in den Tabellen erwähnten Spurenelementen gehören:
• Eisen und Fluor

Zink, Chrom, Kupfer, Mangan, Nickel, Molybdän, Selen, Silizium, Vanadium, Jod und Kobalt gehören ebenfalls dazu. Doch ihre Werte sind in unserer Tabelle nicht aufgeführt. Einige Wissenschaftler zählen zudem auch Zinn dazu. Und möglicherweise sind für uns auch noch andere Mineralien in winzigen Spuren wichtig. Doch diese Zusammenhänge sind bislang unerforscht. Alle Mineralstoffe und Spurenelemente sind essentiell, das heißt, wir müssen sie lebensnotwendig mit der Nahrung zu uns nehmen. In fast allen Pflanzen und Tieren kommen sie vor. Aber: Umweltbedingt und durch verarmte Böden kann es auch vorkommen, daß wir nicht genügend Mineralien oder auch Metalle zu uns nehmen. Überdies sind Streß, Alkohol und auch Medikamente Mineralienräuber. So kann es zu Mangelerscheinungen und dadurch zu gesundheitlichen Störungen kommen.

Nun könnte man sich ja tolle Präparate mit vielen Mineralstoffen einverleiben. Doch:

> Vorsicht! Im Übermaß zugeführt, können Mineralstoffe auch schaden, weil sie bestimmte Stoffwechselvorgänge behindern und uns dadurch vergiften. Ein Zuviel könnte auch Zellen schädigen. Darum: Zusätzliche Einnahme von Mineralstoffen nur in Absprache mit einem Arzt!

1. Natrium

Natrium ist eines der Grundbestandteile unseres Körpers: Rund 0,15 Prozent des Körpergewichts werden allein von diesem Metall bestritten – das sind beispielsweise bei einem

70 Kilogramm schweren Menschen rund 100 Gramm reines Natrium!

Natrium ist ständiger Begleiter der sogenannten ATPase – eines Enzyms, das aus gespeicherter Energie im Handumdrehen frei verfügbare Energie schaffen kann – etwa für die Kontraktion einer Muskelfaser oder für die geistige Arbeit des Gehirns. Ohne Natrium kann kein Prozeß in der Zelle ablaufen, der auf Energie angewiesen ist. Das sind so gut wie alle Aufbauprozesse, aber auch die Produktion von Wärme, die Vermittlung von Signalen im Nervensystem oder eben die Kontraktion von Muskelfasern.

> Von nahrungsbedingtem Natriummangel kann normalerweise kaum die Rede sein – Natrium ist allgegenwärtig als Teil des normalen Küchensalzes und Bestandteil praktisch jeder Nahrung. Doch nach starken Durchfällen, nach wiederholtem starken Erbrechen oder als Folge von Verbrennungen kann sich ein Natriummangel einstellen. Auch eine Störung der Nierenfunktion kann zu Natriummangel führen.

Anzeichen eines Natriummangels sind Kopfschmerzen, Schwindelgefühl, Übelkeit, Erbrechen, Muskelschwäche und Muskelkrämpfe und eine verminderte Harnbildung. In solchen Fällen ist eine Natriumzufuhr dringend notwendig, um die von diesem Metall abhängigen Enzyme wieder in Schwung zu bringen. Einfaches Tafelsalz ist der reichhaltigste Lieferant von Natrium.

Der tägliche Bedarf an Natrium beträgt bei	
Säuglingen:	100– 300 mg
Kinder und Jugendlichen:	1000–2000 mg
Erwachsenen:	2000–3000 mg

2. Kalium

Kaliummangel ist fast immer krankhaften Ursprungs: Abführmittel-Mißbrauch oder auch Medikamente, die zwar den Blutdruck senken, aber gleichzeitig den Körper stark entwässern, sind regelrechte Kalium-Mörder. Ebenso kann ein heftiger Durchfall oder häufiges Erbrechen den Kaliumspiegel im Körper ungesund senken (schlimmstenfalls führt das zu Kreislaufkollaps und Herzstillstand). Damit könnte dieses Metall-Mineral nicht mehr für die richtige Menge Flüssigkeit in den Zellen sorgen, die Erregungsleitung zwischen Muskeln und Nerven wäre ausgeschaltet, letztlich die Herztätigkeit beeinträchtigt.

Von Kalium ist die Aktivität der Pyruvat-Kinase abhängig. Dieses Enzym steht direkt im Mittelpunkt des gesamten Zellstoffwechsels. Schon daraus ist die enorme Wichtigkeit dieses Metalls ersichtlich. Doch Kalium ist auch an zahlreichen anderen Regelmechanismen im Körper beteiligt – etwa an der Stabilisierung von Zellmembranen.

> Kaliummangel kann sich bei starken Durchfällen einstellen, wenn es zu einem allgemeinen Verlust an Mineralien kommt, aber auch durch einen Mißbrauch von Abführmitteln oder bei Langzeitbehandlung mit bestimmten Medikamenten. Da Kalium in Mineralwasser und praktisch in allen Nahrungsmitteln enthalten ist, dürfte die Versorgung des Körpers mit diesem Metall kein Problem darstellen.

Bei Kaliummangel stellen sich Muskelschwäche sowie Störungen der Herztätigkeit ein. Der gesamte Stoffwechsel ist gestört. Deshalb muß Kaliummangel so schnell wie möglich behoben werden.

Der tägliche Bedarf an Kalium beträgt bei	
Säuglingen:	300–1000 mg
Kindern unter 14 Jahren:	1000–3000 mg
Kindern über 14 Jahren und Erwachsenen:	3000–4000 mg

Kalium (Hauptlieferanten: Avocado, Blattspinat, dicke Bohnen, Brathähnchen, Gartenkresse, Grünkohl, Hase, Kartoffeln) kommt beim Menschen in der Zellflüssigkeit vor. Aufgenommen wird es mit der Nahrung im Dünndarm, ein Überschuß von Kalium wird durch die Nieren ausgeschieden.

3. Kalzium

Milch wird von allen Ernährungswissenschaftlern für wichtig gehalten. Der Hauptgrund ist ihr großer Gehalt an Kalzium. Dieses Mineral wird im Körper dringend für die Festigkeit von Knochen, Zähnen und der Spannkraft der Haut benötigt. In unserem Körper ist Kalzium mit über einem Kilogramm am stärksten vertreten – 99 Prozent dieser Menge werden für die Härtung der Knochen und Zähne benötigt.

Aber auch das übrige eine Prozent Kalzium erfüllt wichtige Funktionen: In Hautzellen arbeitet es als Türsteher, achtet darauf, welche Stoffe in die Zellen hineinkommen und welche nicht. Weil es diese Funktion auch bei UV-Strahlen erfüllt, wird die Einnahme von Kalzium-Präparaten vor Reisen in die Sonne empfohlen. In Nerven- und Muskelzellen ist Kalzium für die Weiterleitung von Impulsen unerläßlich. Es gehört sogar zu den wichtigsten Mineralstoffen in unserem Gehirn- und Nervensystem. Bei Kalziummangel in diesen Zellen kommt es zu Symptomen wie nervös-ängstlicher Unruhe oder im schlimmsten Fall zu schwersten psychotischen Störungen oder auch neuromuskulären Mangelerscheinungen.

Eine falsche und einseitige Ernährung ist die häufigste Ursache für Kalziummangel. Besonders zu viel Eiweiß, Fleisch, Wurst, Krabben, Dosenfisch und die Aufnahme von industriell verarbeiteten und verfeinerten Lebensmitteln wie Kondensmilch, Pudding, Backpulver, Eier-, Fleisch- und Fischer-

> zeugnissen sowie bestimmte Käsesorten führen zu einem Abbau von Kalzium im Körper. Auch süße Getränke, Kaffee und Tee fördern die Kalzium-Ausscheidung und sollten deshalb nur eingeschränkt konsumiert werden.

Eine ausgewogene Ernährung sollte Kalzium jedoch auch nicht überdosieren. Denn eine überhöhte Kalziumzufuhr kann schädlich sein, besonders für Menschen mit Neigung zu Nierensteinen und bei der Behandlung von Magengeschwüren.

Der tägliche Bedarf an Kalzium beträgt bei	
Jugendlichen (10 bis 14 Jahre):	1000 mg
Erwachsenen:	800 mg
Schwangere/Stillende:	1200 mg

Fehlt das Kalzium (vorhanden auch in: Eigelb, Feigen, Fenchel, Joghurt, Haselnüssen, Käse, Kohl, Linsen, Mandeln, Mohnsamen, Schokolade, Sesamsamen, Sojabohnen und Spinat) im Bereich lebenswichtiger Funktionen, so wird es vom Körper aus den Knochen gezogen. Deshalb ist Kalzium in der Nahrung besonders zur Vorbeugung von Osteoporose (Abbau der Knochenmasse) sehr wichtig.

4. Magnesium

Als Partner zahlreicher überlebenswichtiger Enzyme im Körper ist das Metall Magnesium unentbehrlich für den geregelten Ablauf aller Lebensfunktionen der einzelnen Körperzellen. An rund 300 Steuerungssubstanzen gekoppelt, greift Magnesium auf viele Arten ins Stoffwechselgeschehen ein. Es ist wie Kalzium am Aufbau von Knochen, Zähnen und Sehnen beteiligt und ist unentbehrlich für die Informationsübertragung zwischen Nerven und Muskulatur.
Magnesium aktiviert den Phosphorstoffwechsel und ist für zahlreiche Enzymreaktionen unentbehrlich. So kann zum Beispiel die Pyruvatkinase – ein zentrales, für den Zellstoffwechsel unbedingt notwendiges Enzym – ohne Magnesium (und zusätzlich Kalium) nicht arbeiten.

> Magnesiummangel entsteht meistens als Folge von Durchfällen oder in körperlichen Krisenzeiten (Schwangerschaft, Pubertät, Diätkuren, Klimakterium), wenn der Körper viel an Mineralien verliert, oder bei krankhaft gestörter Magnesium-Resorption. Die Folgen sind: Zittern, Muskelkrämpfe, Anfälle, Verwirrtheit, Herzrasen, Herzschmerz und Magen- oder Darmgeschwüre.

Magnesium wirkt entkrampfend, hilft z. B. bei nächtlichen Wadenkrämpfen. Es hemmt die Blutgerinnung und ist damit wirksam gegen Thrombosen und Herzinfarkt.

> Der tägliche Bedarf an Magnesium beträgt bei
> Kindern bis 10 Jahren: 200–250 mg
> Kindern ab 10 Jahren und Erwachsenen: 300–350 mg

Magnesium ist z. B. reichlich in Mineralwasser und in pflanzlicher Nahrung (grünes Gemüse, Hülsenfrüchte, Nüsse, Samen, Vollkorngetreide, Vollkornbrot, siehe Tabellen) enthalten – es ist also nicht schwer, auf Nachschub zu achten. Wichtig ist vor allem, daß man seinen Durst nicht mit Cola, Limonaden, Kaffee oder schwarzem Tee stillt, sondern lieber zu Mineralwasser greift.

5. Phosphor

Die Verwandlung von aus der Nahrung gewonnener Energie zu Muskelarbeit ist der Hauptjob von Phosphor im Körper. Es ist Bestandteil von Lecithin und in dieser Form eigentlich in jeder Zelle vorhanden. Für den Aufbau von Zellmembran, Gehirn- und Nervenfunktionen ist Phosphor von entscheidender Bedeutung. Sehr viel von diesem Stoff steckt auch in Zähnen und Knochen. Wird Phosphor ständig überdosiert (schlechte Ernährung mit wenig Kalzium und viel Phosphor), kann es bei Kindern zu Schäden im Knochenbau und womöglich zur Hyperaktivität (gemeint sind die sogenannten »Phosphatis«) kommen. Kalzium und Phosphor (fast zuviel in: Cola, Bergkäse, Emmentaler, Kochkäse, Schmelzkäse, Weißwurst, Weizen, Kürbiskernen, Mohnsamen und frischen Sojabohnen, siehe Tabellen) braucht der Mensch in ähnlicher Menge, allerdings muß dem Körper für dieses Gleichgewicht wesentlich mehr Kalzium als Phosphor angeboten werden. Denn das Kalzium wird wesentlich schlechter vom Körper angenommen und mühsamer verarbeitet.

Der tägliche Bedarf an Phosphor beträgt bei	
Kindern ab 10 bis 18 Jahren:	900 mg
Erwachsenen:	800 mg
Schwangere und Stillende:	1000 mg

III. Spurenelemente: Wofür – und wieviel braucht man täglich?

1. Eisen

Am auffälligsten sind wohl die Auswirkungen von Eisenmangel auf das Immunsystem: Noch bevor ein verminderter Gehalt des roten Farbstoffs Hämoglobin im Blut gemessen werden kann (dies ist ein deutliches Anzeichen für Eisenmangel), verlieren bereits die Freß- und andere Abwehrzellen ihre volle Funktionsfähigkeit. Gefährliche Folge: eine verminderte Widerstandsfähigkeit gegenüber Infektionskrankheiten.

Eisen ist praktisch an allen biochemischen Prozessen beteiligt, in denen Energie hergestellt wird, die für das ganze Leben, für den gesamten Stoffwechsel jeder einzelnen Zelle erforderlich ist. Ohne Eisen können die einzelnen Zellen nicht atmen und ersticken einfach. Kein Wunder also, daß sie bei Eisenmangel nicht in der Lage sind, etwa Antikörper zu produzieren oder »auf Mikrobenjagd« zu gehen.

Insbesondere die Koenzyme der Zellatmung – die Zytochrome – sind also von Eisen-Ionen abhängig. Doch auch andere Enzyme brauchen Eisen – z. B. die Ferrochelatase, die am Aufbau des Blutfarbstoffs beteiligt ist, und ein »Schutzenzym« des Blutfarbstoffs – die Katalase.

Bis zu sechs Gramm Eisen hat der Mensch normalerweise im Körper. Zu etwa zwei Dritteln in den roten Blutkörperchen als

Bestandteil des Farbstoffs Hämoglobin. Hauptaufgabe von Eisen: Sauerstoff in die Zellen zu transportieren und in Zusammenarbeit mit Enzymen die Zellatmung aufrechtzuerhalten. Weiter ist Eisen am Aufbau von Neurotransmittern (Botenstoffen) beteiligt. Zu wenig Eisen führt auch zu Konzentrationsstörungen und Muskelschmerzen. Frauen haben außerdem einen erhöhten Eisenbedarf durch Blutverluste während der Menstruation und in der Schwangerschaft. Eisenmangel führt außerdem zu verstärkter Müdigkeit. Und er ist weit verbreitet. Fachleute sagen, er sei die weltweit am meisten verbreitete Mangelkrankheit. Wie erkennt man sie?

> Symptome für Eisenmangel sind z. B.: Schwindel, Reizbarkeit, Appetitlosigkeit, Muskelschmerzen, Müdigkeit, Depressionen, Entzündungen an den Mundwinkeln und Herzklopfen bei Anstrengung.

Wie kommt es trotz guter Ernährungslage zu Eisenmangel? Einmal wird Eisen (Hauptlieferanten: Eigelb, Fisch, Geflügel, Rind, Kalb, Hammel, Innereien, Petersilie, Schalentiere, Schnittlauch, Vollkorngetreide, siehe Tabellen) vom Körper nur schwer aufgenommen. Zum anderen gehen beim Kochen von Gemüse etwa 20 Prozent des darin enthaltenen Eisens verloren. Schwarzer Tee vermindert die Eisenaufnahme sogar um 60 Prozent, Kaffee immerhin noch um 40 Prozent. Und leider: Gerade so gesunde Lebensmittel wie Vollkornprodukte, Hülsenfrüchte wie Sojabohnen und Erbsen (die ihrerseits wichtige Eisenlieferanten sind) behindern die Eisenaufnahme gleichzeitig.

Der tägliche Bedarf an Eisen beträgt bei	
Kindern unter 10 Jahren:	10 mg
Kindern ab 10 Jahren und Erwachsenen:	
Männer	10 mg
Frauen	12 mg
(während der Schwangerschaft etwa das Doppelte)	

Aber: Zusätzliches Eisen nicht auf eigene Faust einnehmen! Erst vom Arzt untersuchen lassen, ob ein Eisenmangel vorliegt. Denn zuviel Eisen im Körper ist auch nicht gut. Paradoxerweise kann ein Zuviel unter anderen Symptomen und Krankheiten auch gerade die hervorrufen, die bei einem Mangel erscheinen: Müdigkeit und Depressionen!

2. Fluor

Fluoride sorgen für die Stabilität unserer Knochen und Zähne. Sie härten Zahnbein und Zahnschmelz und bewirken den laufenden Ersatz wichtiger Mineralien. Die kariesverhütende Wirkung von Fluor ist ebenso bekannt wie die Fähigkeit, das Wachstum der Mundbakterien und die Bildung von Zahnbelag zu hemmen. Darüber hinaus hat Fluor einen positiven Einfluß auf die Bildung von Muskeln, Bändern, Bindegewebe, Haut und Haaren. In der Schwangerschaft wirkt sich Fluor günstig auf die Eisenresorption des Körpers aus und schützt so vor Blutarmut.

> Bei einer erhöhten Zufuhr wirkt Fluor schnell giftig. So reicht beispielsweise bereits eine tägliche Gabe von 0,1 Milligramm Fluor pro Kilogramm Körpergewicht, um Zahnverfärbungen und Flecken entstehen zu lassen, die sich nicht mehr zurückbilden (Zahnfluorose). Ganz starke Fluorgaben von bis zu zwei Gramm pro Kilo Körpergewicht führen zu Übelkeit und Erbrechen, 5 bis 10 Gramm wirken tödlich.

Wer sich mit Fluor etwas Gutes tun möchte, sollte es also nicht übertreiben, keine Zahnpasta essen, sondern dieses Spurenelement lieber in Form von natürlichen Lebensmitteln (Blattspinat, Buchweizen, Feldsalat, Fisch, Fleisch, Käse, Mineralwasser, Roggenvollkornbrot, Tee und Walnüsse, siehe Tabellen) einnehmen.

Der tägliche Bedarf an Fluor beträgt bei allen Menschen	1 mg

IV. Vitamine, Mineralien und Spurenelemente in Lebensmitteln von A–Z

In einem Buch wie diesem kann man natürlich nicht lückenlos alle Lebensmittel aufführen. Dann würde eine regelrechte Bibliothek daraus. Aus den verschiedensten Lebensmittelgruppen werden hier Beispiele gegeben. Wobei im Gegensatz zu den Angaben in meinem Buch »Kalorientabelle« Fertig- sowie Lightprodukte weitestgehend ausgespart wurden. Zwar geben die Hersteller dieser Lebensmittel stolz Fett- und Kalorienwerte an, über Vitamine und Mineralstoffe möchte aber anscheinend niemand etwas wissen, denn sie wurden bis heute nicht veröffentlicht oder – so die Firmenauskünfte – nicht mal untersucht. Warum auch viel Geld ausgeben, um herauszufinden, was längst jeder weiß: Fertignahrung enthält so gut wie keine Vitamine und Mineralstoffe. Einzige Ausnahme: Tiefkühlkost kann – wenn sie sehr schonend erwärmt wird – eventuell noch Spuren von solchen Vitalstoffen enthalten.

Wegen der besseren Übersichtlichkeit sind die Tabellen geteilt worden: Die eine Seite gibt Auskunft über den Energiegehalt in Kalorien und Kilojoule sowie die wichtigsten Vitamine, die andere Seite führt weitere Vitamine sowie Mineralstoffe und Spurenelemente derselben Lebensmittel auf.

Die Tabellen sind leicht lesbar. Es gibt eigentlich nur drei Zeichen oder Kürzel, deren Bedeutung Sie kennen sollten:

> \+ ist ein Hinweis darauf, daß der entsprechende Vitalstoff in geringen Mengen vorhanden ist.
> * bedeutet: keine Angaben des Herstellers.
> i. D. heißt: im Durchschnitt.
> (0) heißt, der Wert entspricht praktisch Null.

1. Getreideprodukte, salziges Gebäck und Beilagen

Lebensmittel 100g eßbarer Anteil	kcal	kJ	A in µg	E in mg	B₁ in mg	B₂ in mg
Amaranth	365	1526	*	*	0,8	0,19
Buchweizen, Korn, geschält	341	1425	0	1,3	0,26	0,15
Grütze	337	1411	0	1,2	0,28	0,08
Schrot (Type 1700)	340	1425	*	*	*	*
Vollkornmehl	338	1415	0	2,1	0,58	0,15
Eier-Teigwaren (Nudeln) roh	347	1442	60	0,2	0,2	0,1
Gerste, Korn	315	1316	0	0,6	0,43	0,18
Flocken	314	1314	*	*	*	*
Graupen	338	1415	0	0,2	0,1	0,08
Grütze	314	1314	*	*	*	*
Mehl, Vollkorn	348	1454	0	0,2	0,16	0,08
Getreide, Sprossen, frisch, i. D.	68	286	0	*	0,12	0,04
Grünkern (Dinkel), Korn	320	1340	0	0,3	0,3	0,1
Mehl	344	1442	*	*	*	*
Schrot (Type 1700)	324	1358	*	*	*	*
Hafer, Korn	354	1479	*	1,0	0,52	0,17
Brei mit Ei und Butter	128	536	*	*	*	*
Flocken (Vollkorn)	354	1479	*	1,5	0,65	0,15
Flockenbrei	110	461	*	*	*	*
Grütze	387	1618	*	*	0,52	0,12
Haferflocken, Instant	351	1470	*	1,5	0,65	0,15
Hirse, Korn	354	1479	0	0,4	0,26	0,14
Flocken	354	1481	*	*	*	*
Mehl	345	1443	*	*	*	*

Niacin in mg	B₆ in mg	C in mg	Natrium in mg	Kalium in mg	Kalzium in mg	Phospor in mg	Magnesium in mg	Eisen in mg	Fluor in mg
1,1	*	*	25	484	214	582	308	9,0	*
2,9	0,58	0	2	324	21	254	85	3,2	0,17
2,8	0,4	0	1	218	12	150	48	2,0	0,08
*	*	*	*	*	*	*	*	*	*
2,9	0,58	0	1	380	33	189	50	2,0	0,07
2,0	0,06	0	17	164	27	195	67	1,6	0,08
4,8	0,56	0	18	444	38	342	114	2,8	0,12
*	*	*	*	*	*	*	*	*	*
3,1	0,22	0	5	190	14	189	125	2,0	0,24
*	*	*	*	*	*	*	*	*	*
5,5	0,33	0	5	458	39	390	155	3,0	0,1
*	0,11	0	1	100	11	100	50	0,8	*
1,5	0,3	0	3	447	22	411	130	4,2	0,06
*	*	*	*	*	*	*	*	*	*
*	*	*	*	*	*	*	*	*	*
2,4	0,96	+	8	355	79	342	129	5,8	0,1
*	*	*	*	*	*	*	*	*	*
1,0	0,16	0	5	348	54	391	135	4,6	0,04
*	*	*	*	*	*	*	*	*	*
+	0,15	0	6	300	67	349	71	3,9	0,03
1,0	0,16	*	5	400	70	430	140	4,0	*
1,8	0,52	0	3	150	20	310	170	9,0	0,04
*	*	*	*	*	*	*	*	*	*
*	*	*	*	*	*	*	*	*	*

Lebensmittel 100g eßbarer Anteil	kcal	kJ	A in µg	E in mg	B_1 in mg	B_2 in mg
Mais, Korn	331	1385	185	2,2	0,36	0,2
Cornflakes	355	1488	*	*	*	*
Grieß	345	1444	*	*	*	*
Polenta (gebackener Maisbrei)	134	559	*	*	*	*
Popcorn	368	1539	*	2,9	0,3	0,12
Grieß	339	1419	120	0,7	0,15	0,05
Vollmehl	329	1376	50	*	0,37	0,11
Quinoa	343	1437	*	*	0,17	*
Reis, Korn, Naturreis gegart	343	1435	0	0,74	0,41	0,09
Milchreis mit Zucker und Zimt	93	389	*	*	*	*
mit Zucker/Honig geröstet	99	416	*	*	*	*
Nasi Goreng	383	1605	*	*	*	*
Naturreis, gegart	186	777	*	*	*	*
Paella	112	469	*	*	*	*
Poliert, parboiled, gekocht	146	613	*	*	*	*
Poliert, parboiled, roh	106	443	0	0,1	0,11	0,01
Poliert, roh	344	1440	0	0,3	0,44	0,03
Puffreis	390	1632	*	*	*	*
Reismehl	352	1471	0	1,0	0,06	0,03
Reisstärke	348	1455	*	*	*	*
Ricecrispies	377	1580	*	*	*	*

Niacin in mg	B₆ in mg	C in mg	Natrium in mg	Kalium in mg	Kalzium in mg	Phospor in mg	Magnesium in mg	Eisen in mg	Fluor in mg
1,5	0,4	0	6	330	15	256	120	1,5	0,06
*	*	*	*	*	*	*	*	*	*
*	*	*	*	*	*	*	*	*	*
*	*	*	*	*	*	*	*	*	*
1,2	*	0	3	240	11	281	*	1,7	*
0,5	*	0	1	80	4	73	20	1,0	*
2,0	*	0	1	120	19	260	47	2,3	*
0,5	*	*	10	804	80	328	276	8,0	*
5,2	0,28	0	10	150	23	325	157	2,6	0,06
*	*	*	*	*	*	*	*	*	*
*	*	*	*	*	*	*	*	*	*
*	*	*	*	*	*	*	*	*	*
*	*	*	*	*	*	*	*	*	*
*	*	*	*	*	*	*	*	*	*
*	*	*	*	*	*	*	*	*	*
1,0	0,2	0	2	28	10	28	10	0,9	+
3,5	*	0	6	92	24	94	28	2,9	0,04
*	*	*	*	*	*	*	*	*	*
1,4	0,2	0	4	104	7	90	23	0,4	0,03
*	*	*	*	*	*	*	*	*	*
*	*	*	*	*	*	*	*	*	*

Lebensmittel 100g eßbarer Anteil	kcal	kJ	A in µg	E in mg	B_1 in mg	B_2 in mg
Roggen, Korn	293	1225	60	2,0	0,35	0,17
Roggenflocken	307	1286	2	1,8	0,35	0,2
Mehl, Type 815	321	1341	41	0,5	0,18	0,09
Mehl, Type 997	312	1303	41	1,3	0,19	0,11
Mehl, Type 1150	319	1333	41	1,6	0,22	0,11
Vollkorn-Backschrot, Type 1800	293	1225	59	1,8	0,3	0,14
Keime, getrocknet	400	1672	340	12,6	1,0	0,84
Speisekleie	176	736	*	*	*	*
Spaghetti, eifrei, roh	362	1513	0	*	0,09	0,06
Vollkornnudeln, roh	343	1435	*	*	0,31	0,13
Weizen, Korn	308	1287	3	1,6	0,46	0,11
Backschrot (Type 1700)	321	1346	*	*	*	*
Brei mit Ei und Butter	126	527	*	*	*	*
Flocken	313	1310	*	*	*	*
Grieß	328	1373	+	0,8	0,12	0,04
Grütze	326	1363	*	*	*	*
Keime, getrocknet	312	1304	10	24,7	2,0	0,72
Kleie	172	721	*	*	*	*
Mehl, Type 1050	331	1383	+	1,4	0,43	0,07
Mehl, Type 405	335	1403	+	0,3	0,06	0,03
Mehl, Type 550	337	1409	+	0,3	0,11	0,08
Weizen Pudding mit Ei	182	763	*	*	*	*
Speisekleie	174	728	+	2,7	0,65	0,51
Suppe	86	362	*	*	*	*
Vollkorn-Backschrot, Type 1700	302	1262	+	2,1	0,47	0,17

Niacin in mg	B₆ in mg	C in mg	Natrium in mg	Kalium in mg	Kalzium in mg	Phosphor in mg	Magnesium in mg	Eisen in mg	Fluor in mg
1,8	0,29	0	4	510	64	336	120	4,6	0,15
1,8	0,3	*	2	450	30	350	120	4,0	0,15
0,6	0,11	0	1	170	22	135	26	2,1	*
0,8	*	0	1	240	31	200	56	2,2	*
1,1	*	0	1	297	20	196	67	2,6	*
1,9	0,3	0	2	439	23	326	83	4,0	*
2,3	1,8	0	10	400	40	1000	110	9,0	0,3
*	*	0	*	*	*	*	*	*	*
2,0	*	*	5	*	22	165	*	1,5	0,1
3,1	0,2	*	32	165	25	172	53	3,8	0,04
5,1	0,27	0	8	381	44	341	128	3,3	0,09
*	*	*	*	*	*	*	*	*	*
*	*	*	*	*	*	*	*	*	*
*	*	*	*	*	17	87	30	1,0	0,06
1,3	0,09	0	1	112	*	*	*	*	*
*	*	*	*	*	69	1100	250	8,0	+
4,5	4,0	0	5	837	*	*	*	*	*
*	*	*	*	*	14	208	53	2,8	*
1,4	0,24	0	2	203	15	74	*	1,5	*
0,7	0,18	0	2	108	16	95	10	1,1	*
0,5	0,1	0	3	126	*	*	*	*	*
*	*	*	*	*	*	*	*	*	*
17,7	0,73	0	2	1400	43	1240	590	3,6	0,1
*	*	*	*	*	40	392	140	4,0	0,09
4,8	0,46	0	2	290	40	392	140	4,0	0,09

Lebensmittel 100g eßbarer Anteil	kcal	kJ	A in µg	E in mg	B_1 in mg	B_2 in mg
Stärkemehle						
Kartoffel-Stärke	336	1405	0	(0)	0	0
Mais-Stärke	346	1448	0	(0)	+	0,01
Reis-Stärke	343	1436	0	(0)	*	*
Weizen-Stärke	347	1451	0	(0)	0	0
Frühstücksflocken						
Früchte-Müsli, ohne Zucker i. D.	363	1518	38	1,2	0,53	0,12
Kleieflocken, gezuckert	243	1017	*	12,0	1,4	1,6
Müsli-Mischung, Trockenprodukt i.D.	394	1648	27	*	0,25	0,15
Schoko-Müsli i. D.	399	1668	26	2,3	0,41	0,14
Verschiedenes						
Bäckerhefe	96	403	+	*	1,3	2,0
Bierhefe (getrocknet)	229	958	+	*	12,0	4,0
Gelatine	338	1412	0	*	0	0
Brot und Brötchen						
Baguette	260	1086	*	0,3	0,06	0,05
Grahambrot	199	832	*	0,3	0,21	0,11
Knäckebrot	318	1328	0	4,0	0,2	0,18
Laugenbrezel/-brötchen	226	945	*	0,4	0,08	0,09
Mehrkornbrot	216	904	*	1,0	0,13	0,12
Pumpernickel	182	762	*	*	0,05	0,08
Roggenbrot	217	906	0	*	0,18	0,12
Roggenmischbrot	210	880	0	*	0,18	0,08
Roggenschrot- und Vollkornbrot	193	808	80	1,2	0,18	0,15

Niacin in mg	B₆ in mg	C in mg	Natrium in mg	Kalium in mg	Kalzium in mg	Phosphor in mg	Magnesium in mg	Eisen in mg	Fluor in mg
0	+	0	7	15	35	6	5	1,8	0,05
+	+	0	3	7	+	30	2	0,5	0,05
+	*	0	61	8	20	10	2	+	+
+	*	0	2	16	0	20	+	0	0,01
0,1	0,22	+	55	580	70	325	120	3,6	0,07
17,0	6	75	*	1000	70	1000	145	*	*
*	0,17	+	15	420	75	140	65	3,0	0,06
0,1	0,12	+	155	350	80	300	109	3,6	0,07
17,4	0,81	+	34	640	23	590	28	5,0	*
4,0	4,4	+	77	1410	50	1900	230	17,5	0,2
0	+	0	32	22	11	0	11	*	*
*	0,09	0	418	88	18	105	19	1,2	*
2,5	0,24	0	430	209	42	244	42	1,6	*
1,1	0,3	0	463	436	55	318	68	5,0	0,15
1,8	0,07	0	500	100	17	98	18	0,9	+
*	0,19	0	523	290	27	270	70	2,2	*
1,2	0,1	0	370	338	55	147	80	2,4	0,07
0,9	0,2	0	523	244	29	118	35	2,5	0,01
1,0	0,12	0	537	185	23	136	40	2,3	0,07
0,6	0,3	0	527	291	43	198	70	3,0	0,1

Lebensmittel 100g eßbarer Anteil	kcal	kJ	A in µg	E in mg	B_1 in mg	B_2 in mg
Vollkornbrot mit Sonnenblumenkernen	231	965	*	0,7	0,21	0,1
Weißbrot	233	974	*	0,6	0,09	0,06
Weizenbrötchen	272	1139	0	*	0,1	0,03
Weizenmischbrot	226	943	0	*	0,14	0,07
Weizenschrot- und Vollkornbrot	204	854	*	0,8	0,23	0,15
Weizentoastbrot	260	1088	*	*	0,08	0,05

2. Süßes Gebäck

Lebensmittel	kcal	kJ	A in µg	E in mg	B_1 in mg	B_2 in mg
Apfelkuchen, gedeckt	203	850	50	1,6	0,03	0,04
Hefeteig	144	603	*	*	*	*
Rührteig	214	895	*	*	*	*
gedeckt, Mürbeteig	229	959	*	*	*	*
Berliner Pfannkuchen	317	1326	80	0,6	0,06	0,12
(Löffel-)Biskuit	407	1703	87	*	0,04	0,14
Butterkeks	422	1766	135	*	0,04	0,09
Butterkuchen	366	1531	80	1,0	0,05	0,09
Früchtebrot	289	1211	70	3,5	0,11	0,1
Germknödel	299	1250	*	*	*	*
Gewürzkuchen	335	1403	90	1,8	0,04	0,11
Hefegebäck, einfach	249	1043	49	*	0,04	0,08
Mandelmakronen	376	1573	4	*	0,08	0,39
Nußkuchen	436	1824	110	6,9	0,12	0,09
Obstkuchen, Hefeteig	176	736	30	0,5	0,04	0,07
Sahnetorte	365	1527	110	*	0,03	0,12
Waffelmischung	472	1975	118	*	0,03	0,08
Zwieback, eifrei	368	1541	*	*	*	*

Niacin in mg	B₆ in mg	C in mg	Natrium in mg	Kalium in mg	Kalzium in mg	Phospor in mg	Magnesium in mg	Eisen in mg	Fluor in mg
4,9	0,25	0	590	250	35	298	106	2,8	+
1,0	0,02	0	540	130	58	90	24	0,9	0,08
1,0	0,04	0	553	130	27	102	30	1,2	+
1,2	0,09	0	553	177	17	127	75	1,7	0,07
2,5	0,08	0	430	209	42	196	92	2,0	0,1
1,0	0,11	0	551	160	25	90	24	2,2	0,06
0,7	0,04	5	80	100	55	66	9	0,6	+
*	*	*	*	*	*	*	*	*	*
*	*	*	*	*	*	*	*	*	*
*	*	*	*	*	*	*	*	*	*
2,3	0,1	+	240	110	37	109	17	1,3	+
0,2	0,06	*	49	144	31	184	9	1,3	0,03
0,5	0,08	+	387	139	47	109	23	1,8	0,07
1,7	0,07	+	10	110	41	80	18	0,9	+
2,9	0,2	35	10	740	98	220	96	3,3	+
*	*	*	*	*	*	*	*	*	*
1,6	0,06	+	130	130	102	133	19	1,1	+
0,6	0,07	1	31	139	35	71	17	0,9	0,03
1,3	0,03	*	59	430	115	209	94	1,9	0,06
1,9	0,17	+	190	200	254	252	47	1,4	+
1,2	0,06	7	10	10	22	51	11	0,8	+
0,2	0,06	1	71	99	55	122	13	0,7	0,03
0,2	0,05	*	62	57	25	85	7	0,8	0,04
1,5	0,08	*	265	160	40	120	16	1,5	*

3. Fette

Lebensmittel 100g eßbarer Anteil	kcal	kJ	A in µg	E in mg	B_1 in mg	B_2 in mg
Butter (Süß- und Sauerrahm)	754	3156	653	2,2	0,01	0,02
Milchhalbfett	385	1610	*	1,4	0,01	0,02
Lebertran	899	3762	25,5 mg	3,3	*	0
Rindertalg	872	3647	280	1,3	0	0
Schweineschmalz	898	3756	0	1,5	0	0
Erdnußpaste	611	2555	*	*	0,12	0,1
Halbfettmargarine	368	1540	500	6,0	*	*
Kokosfett, gereinigt	894	3741	+	0,6	0	0
Maiskeimöl	899	3762	*	*	*	*
Margarine	722	3023	608	13,6	+	+
Mayonnaise, 80 %	727	3040	84	15,0	0,02	0,04
Olivenöl	897	3754	120	13,2	0	0
Sonnenblumenöl	898	3758	4	50,0	0	*

4. Wurst

	kcal	kJ	A in µg	E in mg	B_1 in mg	B_2 in mg
Bierschinken	169	707	0	*	0,31	0,18
Bockwurst	277	1159	*	*	*	*
Bratwurst (Schweinsbratwurst)	298	1249	*	0,3	0,28	0,22
Cervelatwurst	394	1650	0	*	0,1	0,2
Dosenwürstchen	228	956	*	0,2	0,03	0,08
Fleischkäse (Leberkäse)	297	1243	*	*	0,05	0,15
Fleischwurst	296	1239	*	*	0,2	0,25
Frankfurter Würstchen	272	1138	3	0,6	0,18	0,19
Gelbwurst	281	1174	*	*	*	0,12

Niacin in mg	B_6 in mg	C in mg	Natrium in mg	Kalium in mg	Kalzium in mg	Phospor in mg	Magnesium in mg	Eisen in mg	Fluor in mg
+	0,01	+	5	16	13	21	3	0,1	0,12
0,1	*	*	ca. 10	ca. 10	ca. 20	ca. 20	2	0,1	0,12
0	*	*	+	1	*	*	*	*	*
0	*	1	11	6	0	7	3	0,3	*
0	*	0	1	1	+	2	+	0,1	*
16,2	*	0	120	820	74	393	*	1,9	*
*	*	*	390	7	12	8	0,5	0,1	*
0	*	*	2	2	2	1	+	+	*
*	*	*	*	*	*	*	*	*	*
+	*	+	101	7	10	10	13	+	*
+	0,01	0	481	18	18	60	23	1,0	*
0	0	0	1	+	1	*	*	0,1	*
*	*	*	*	1	*	*	*	*	*

Niacin in mg	B_6 in mg	C in mg	Natrium in mg	Kalium in mg	Kalzium in mg	Phospor in mg	Magnesium in mg	Eisen in mg	Fluor in mg
3,8	*	0	753	261	15	152	18	1,5	*
*	*	*	700	*	*	67	*	*	*
3,2	*	*	520	140	5	190	15	1,0	*
4,0	*	0	1260	300	24	155	11	1,7	*
3,0	*	*	711	165	10	185	9	2,7	*
2,4	*	*	599	299	4	*	15	2,0	*
2,5	*	*	829	199	14	129	13	1,7	*
2,3	0,14	0	1150	154	8	107	11	1,8	0,17
2,3	*	*	640	285	*	*	*	*	*

Lebensmittel 100g eßbarer Anteil	kcal	kJ	A in µg	E in mg	B_1 in mg	B_2 in mg
Hackfleisch (halb und halb)	260	1088	5	*	0,4	0,15
Jagdwurst	205	858	0	*	0,11	0,12
Knackwurst	300	1254	15	*	*	*
Leberpastete	314	1315	950	0,4	0,03	0,6
Leberwurst, grob	326	1366	83	0,3	0,2	0,92
Leberwurst, mager	257	1075	17	*	0,15	1,1
Mettwurst (Braunschweiger)	390	1633	*	*	0,2	0,15
Mortadella	345	1443	0	*	0,1	0,15
Münchner Weißwurst	287	1202	*	*	0,04	0,13
Rotwurst (Blutwurst)	301	1259	3	*	0,07	0,13
Salami	371	1552	+	0,1	0,18	0,2
Schinken, gekocht	193	808	0	*	0,61	0,26
Schinken, geräuchert	383	1601	0	*	0,55	0,2
Speck, mager	621	2600	0	0,4	0,43	0,14
Wiener Würstchen	296	1236	*	*	0,1	0,12

5. Fleisch

Ente	227	951	*	*	0,3	0,2
Gans	342	1430	65	*	0,12	0,26
Huhn, Brathuhn	166	695	10	0,1	0,08	0,16
Brust, mit Haut	145	605	*	0,3	0,07	0,09
Keule (Schlegel), mit Haut	174	726	*	*	0,1	0,24
Huhn, Suppenhuhn	257	1074	260	*	0,06	0,17
Herz	124	519	9	1,2	0,43	1,24
Leber	136	567	128	0,4	0,32	2,49

Niacin in mg	B₆ in mg	C in mg	Natrium in mg	Kalium in mg	Kalzium in mg	Phospor in mg	Magnesium in mg	Eisen in mg	Fluor in mg
4,0	*	*	35	290	8	135	17	2,2	*
4,2	*	*	818	260	14	144	19	2,9	*
*	*	*	1190	195	28	144	*	*	*
3,3	*	2	738	173	10	191	15	6,4	*
3,6	*	*	810	143	41	154	*	5,3	*
4,5	*	*	400	140	9	240	7	5,5	*
0,3	*	*	1090	213	13	160	11	1,6	*
3,1	*	0	668	207	42	143	19	3,1	*
2,4	*	*	620	122	25	*	*	*	*
1,2	*	*	680	38	7	22	8	6,4	*
2,6	+	*	2080	224	35	167	11	2,1	*
3,5	0,36	0	965	270	10	136	24	2,5	*
3,5	0,4	0	1400	248	10	207	20	2,3	*
2,3	0,35	0	1770	225	9	108	15	0,8	*
3,1	*	*	941	204	13	170	*	2,4	*

Niacin in mg	B₆ in mg	C in mg	Natrium in mg	Kalium in mg	Kalzium in mg	Phospor in mg	Magnesium in mg	Eisen in mg	Fluor in mg
3,5	*	7	38	270	14	187	22	2,5	*
6,4	0,58	*	86	420	12	184	23	1,9	*
6,8	0,5	3	83	359	12	200	37	1,8	0,03
10,5	0,53	0	66	264	14	212	*	1,1	0,14
5,6	0,25	0	95	250	15	188	*	1,8	*
8,8	*	*	*	190	11	178	*	1,4	*
6,0	*	6	111	262	22	164	*	1,7	*
11,6	0,8	28	68	218	18	240	13	7,4	0,19

Lebensmittel 100g eßbarer Anteil	kcal	kJ	A in µg	E in mg	B_1 in mg	B_2 in mg
Puter (Truthahn)	212	886	13	2,5	0,1	0,18
Brust, mit Haut	105	441	*	0,9	0,05	0,08
Brust, ohne Haut	114	479	*	1,2	0,09	0,18
Schnitzel, gebraten	145	607	*	*	*	*
Jungtiere	151	631	+	1,9	0,08	0,14
Hammel- und Lammfleisch						
Brust	381	1594	0	*	0,14	0,19
Filet	112	469	0	0,4	0,18	0,25
Herz	158	661	*	*	0,31	0,86
Hirn	128	535	*	*	0,24	0,25
Keule (Schlegel)	234	979	0	0,5	0,16	0,22
Kotelett	328	1454	0	0,6	0,13	0,18
Leber	133	556	95	*	0,36	3,33
Lende	194	810	0	*	0,16	0,23
Lunge	95	398	27	*	0,11	0,47
Muskelfleisch (ohne Fett)	112	469	0	0,3	0,18	0,25
Zunge	194	812	+	*	0,08	0,28
Kalbfleisch						
Bries	99	416	0	*	0,08	0,17
Brust	131	549	+	*	0,14	0,24
Filet	95	397	+	*	0,15	0,3
Haxe	98	410	+	*	0,15	0,23
Herz	114	475	6	0,4	0,6	1,1
Kalb, Niere	128	534	210	*	0,37	2,5
Keule (Schlegel)	97	407	+	*	0,15	0,27
Kotelett	112	470	+	0,6	0,14	0,26
Leber	130	543	219	0,2	0,28	2,61

Niacin in mg	B₆ in mg	C in mg	Natrium in mg	Kalium in mg	Kalzium in mg	Phospor in mg	Magnesium in mg	Eisen in mg	Fluor in mg
10,5	*	*	63	300	25	226	27	1,4	*
11,3	0,46	*	46	333	*	*	20	1,0	*
4,7	*	*	86	289	*	*	17	2,0	*
*	*	*	*	*	*	*	*	*	*
7,9	*	*	66	315	26	238	28	1,5	*
4,5	*	0	93	294	9	155	*	2,3	*
5,8	*	0	94	289	12	162	19	1,8	0,02
4,6	*	0	118	248	4	160	16	6,1	0,02
3,2	*	15	*	*	5	305	15	3,8	*
5,2	0,29	0	78	380	10	213	23	2,7	*
4,3	0,33	0	90	345	9	138	14	2,2	*
15,3	0,37	31	95	282	4	364	14	12,4	*
4,3	*	0	75	295	9	140	*	2,0	*
4,7	*	31	205	292	17	66	*	6,4	*
5,8	*	0	94	289	12	162	19	1,8	0,02
4,2	*	7	80	417	*	*	*	2,0	*
2,6	*	56	87	386	1	120	22	2,0	*
6,1	*	1	105	329	11	237	*	3,0	*
6,5	*	1	95	348	12	200	*	*	0,02
5,4	*	*	115	300	12	200	*	3,0	*
6,3	0,29	5	104	265	16	180	25	3,7	*
6,5	0,5	13	200	290	10	260	18	11,5	0,2
6,6	0,4	+	86	343	13	198	16	2,3	0,02
6,5	0,4	+	93	369	13	195	16	2,1	0,02
15,0	0,9	35	87	316	9	306	19	7,9	0,02

Lebensmittel 100g eßbarer Anteil	kcal	kJ	A in μg	E in mg	B_1 in mg	B_2 in mg
Lunge	90	376	*	*	0,11	0,36
Muskelfleisch (ohne Fett)	95	397	+	*	0,14	0,27
Schnitzel, mager	99	414	+	*	0,18	0,3
Rindfleisch						
Corned beef	141	589	0	*	0,03	0,1
Filet (Lende)	121	505	*	*	0,1	0,13
Hackfleisch	216	904	0	0,4	0,09	0,15
Herz	124	517	6	0,6	0,53	0,88
Hirn	130	542	0	*	0,13	0,24
Hochrippe (dicke Rippe, Rostbraten)	161	673	15	*	0,08	0,15
Kamm (Hals)	150	628	3	*	0,09	0,19
Keule (Schlegel)	148	619	10	*	0,09	0,17
Leber	121	508	153	0,7	0,3	2,9
Lende (Roastbeef)	130	544	15	1,1	0,09	0,16
Luncheon meat (Frühstücksfleisch)	294	1229	0	0,5	0,05	0,19
Lunge	99	412	55	0,5	0,09	0,34
Muskelfleisch (ohne Fett)	102	428	20	0,5	0,23	0,26
Niere	116	485	330	0,2	0,3	2,26
Ochsenschwanz	184	769	*	*	*	*
Rindfleisch in Dosen i.D.	196	822	21	*	0,02	0,15
Zunge	209	873	0	0,2	0,14	0,29
Schweinefleisch						
Bauch	261	1092	*	*	*	*
Bug (Schulter)	271	1132	9	*	0,89	0,22
Eisbein (Hinterhaxe)	186	777	*	*	0,32	0,19
Filet	104	435	*	+	1,1	0,31

Niacin in mg	B₆ in mg	C in mg	Natrium in mg	Kalium in mg	Kalzium in mg	Phospor in mg	Magnesium in mg	Eisen in mg	Fluor in mg
4,0	0,07	39	154	303	5	*	*	5,0	*
6,3	0,4	*	94	358	13	198	16	2,1	0,02
7,5	*	1	83	355	15	206	*	3,0	*
3,1	*	0	833	131	33	128	*	*	*
4,6	0,5	*	42	340	3	164	22	2,3	0,01
2,1	*	*	*	199	4	190	33	2,4	*
6,8	0,28	6	108	286	9	195	25	5,1	0,07
3,5	0,16	17	167	281	10	366	12	2,5	*
4,3	*	*	53	316	4	149	18	2,1	*
5,2	*	*	45	300	4	200	17	2,1	*
4,5	*	*	80	357	3	195	20	2,6	*
13,6	0,71	31	116	292	7	352	17	6,5	0,13
4,9	*	*	55	335	3	157	23	2,5	*
4,7	*	1	1060	212	12	220	59	2,2	*
4,3	0,07	39	198	228	13	224	*	7,5	*
7,5	0,4	+	66	355	4	194	21	2,2	0,06
6,2	0,39	11	235	245	11	248	20	9,5	0,2
*	*	*	107	206	4	*	*	*	*
4,6	*	0	600	*	*	*	*	*	*
4,6	0,13	0	100	255	10	229	10	3,0	*
*	*	*	59	157	1	55	*	*	*
4,5	*	*	74	291	9	149	*	1,8	0,08
3,3	*	*	59	247	11	90	18	1,5	*
6,5	+	*	74	348	2	173	22	3,0	*

Lebensmittel 100g eßbarer Anteil	kcal	kJ	A in µg	E in mg	B_1 in mg	B_2 in mg
Herz	89	372	9	1,4	0,46	1,06
Kamm	191	799	*	0,6	0,92	0,18
Kasseler	237	990	+	*	*	*
Keule (Schlegel, Hinterschinken)	274	1145	0	*	0,8	0,19
Kopf	324	1357	*	*	*	*
Kotelett	150	626	9	0,6	0,8	0,19
Leber	124	519	39	0,3	0,34	1,8
Muskelfleisch	105	440	6	0,3	0,9	0,23
Niere	96	402	39	0,3	0,34	1,8
Speck, frisch	759	3175	0	*	0,1	0,02
Schnitzel	106	443	*	0,7	0,8	0,19
Flomen	854	3575	*	*	*	*
Zunge	198	829	*	*	0,49	0,5
Wild						
Hase	113	474	0	0,5	0,09	0,06
Hirsch	112	469	*	*	*	0,25
Reh, Keule	97	407	0	*	*	0,25
Rücken	122	510	*	*	*	0,25

6. Fisch

	kcal	kJ	A in µg	E in mg	B_1 in mg	B_2 in mg
Flunder, roh	72	303	10	0,3	0,22	0,21
Heilbutt, roh	101	423	32	0,9	0,08	0,07
Hering, roh	193	808	38	1,5	0,04	0,22
Filet, roh	207	866	40	*	0,05	0,25
Kabeljau (Dorsch), roh	75	313	10	0,3	0,06	0,05
Filet	68	285	*	*	0,05	0,05

Niacin in mg	B₆ in mg	C in mg	Natrium in mg	Kalium in mg	Kalzium in mg	Phospor in mg	Magnesium in mg	Eisen in mg	Fluor in mg
6,6	0,43	5	80	257	20	176	20	4,3	0,06
3,9	+	2	76	252	5	139	17	2,2	0,06
*	*	0	958	324	6	160	*	2,5	*
4,3	0,39	*	72	292	9	172	21	1,7	0,06
*	*	*	77	190	3	196	*	*	*
4,3	0,5	0	62	326	11	150	24	1,8	0,05
8,4	0,55	16	77	350	10	362	21	15,8	*
4,5	0,5	2	60	387	3	204	27	1,0	*
8,4	0,55	16	173	242	11	260	16	10,0	*
0,5	*	*	21	14	2	13	*	0,3	*
4,3	0,39	*	72	292	9	172	21	1,7	0,06
*	*	*	28	17	2	12	*	*	*
5,3	0,35	4	93	234	9	187	*	3,3	*
8,1	*	*	50	276	14	220	28	2,8	*
*	*	*	61	330	7	197	21	2,3	*
*	*	0	60	309	5	220	*	3,0	*
*	*	*	84	342	25	220	*	3,0	*
3,4	0,25	*	92	332	27	200	24	0,5	0,03
5,9	0,42	*	67	446	14	202	28	0,6	*
3,8	0,45	+	117	360	34	250	31	1,1	0,35
4,0	*	+	120	315	35	250	*	1,1	*
2,1	0,2	2	72	350	24	190	25	0,4	0,03
2,0	*	2	85	350	11	190	19	0,5	0,07

Lebensmittel 100g eßbarer Anteil	kcal	kJ	A in µg	E in mg	B_1 in mg	B_2 in mg
Leber	609	2548	*	*	*	*
Katfisch, Steinbeißer	88	370	18	2,1	0,2	0,06
Makrele, roh	180	751	100	1,6	0,14	0,35
Ostseehering, roh	155	649	20	0,7	0,06	0,24
Rotbarsch, roh	105	440	12	1,3	0,11	0,08
Sardine, roh	118	494	20	*	0,02	0,25
Schellfisch, roh	77	322	17	0,4	0,05	0,17
Scholle, roh	86	358	3	*	0,21	0,22
Seehecht, roh	91	382	*	*	0,1	0,2
Seelachs, roh	80	336	10	*	0,09	0,35
Seezunge, roh	83	346	+	*	0,06	0,1
Steinbutt, roh	82	344	+	*	0,02	0,15
Thunfisch, roh	226	943	450	*	0,16	0,16
Meerestiere						
Austern	66	276	93	0,9	0,16	0,2
Garnele (Speisekrabbe)	87	364	2	*	0,05	0,03
Hummer	81	338	0	1,5	0,13	0,09
Krebs (Flußkrebs)	65	270	*	*	0,15	0,1
Languste	84	351	25	*	0,01	0,08
Miesmuschel	51	213	54	0,8	0,16	0,22
Steckmuschel	54	225	33	*	0,1	0,19
Tintenfisch	68	286	*	*	0,07	0,05
Süßwasserfische						
Aal, Flußaal, roh	281	1174	980	*	0,18	0,32
Barsch, roh	81	338	7	1,1	0,08	0,12
Brassen, roh	116	485	*	*	*	
Felchen, roh	100	418	21	2,0	*	*
Forelle, roh	102	428	12	1,0	0,08	0,08

Niacin in mg	B$_6$ in mg	C in mg	Natrium in mg	Kalium in mg	Kalzium in mg	Phospor in mg	Magnesium in mg	Eisen in mg	Fluor in mg
*	*	*	*	*	*	*	*	*	*
2,4	*	*	105	282	20	179	27	1,0	0,01
7,7	0,63	+	95	396	12	238	30	1,0	0,03
4,3	*	*	74	370	60	240	*	1,2	0,2
2,5	*	1	80	308	22	201	29	0,7	0,14
9,7	0,97	*	100	*	85	258	24	2,5	*
3,1	*	*	116	301	18	176	24	0,6	0,04
4,0	0,22	2	104	311	61	198	22	0,9	*
*	*	*	101	294	41	142	*	*	*
4,0	*	*	81	374	14	300	*	1,0	*
3,0	*	0	100	309	29	195	49	0,8	*
3,0	*	+	114	290	17	159	45	0,5	*
8,5	0,16	*	43	*	40	200	*	1,0	0,03
2,2	0,22	+	289	184	82	157	40	5,8	0,12
2,4	0,13	2	146	266	92	224	67	1,8	0,16
1,8	1,18	5	270	220	61	234	22	1,0	0,21
2,0	*	*	253	254	43	224	*	2,0	*
3,0	*	2	182	500	68	215	*	1,3	*
1,6	0,08	3	290	277	27	250	36	5,1	*
1,5	0,08	*	121	800	12	310	63	0,6	*
2,6	*	*	387	273	29	143	*	0,8	*
2,6	0,28	2	65	217	17	223	21	0,6	0,02
1,7	*	*	47	330	20	198	20	1,0	*
*	*	1	23	310	89	*	*	*	*
*	*	*	36	318	60	290	30	0,5	0,1
3,4	*	*	63	413	12	242	27	0,4	0,03

Lebensmittel 100g eßbarer Anteil	kcal	kJ	A in µg	E in mg	B_1 in mg	B_2 in mg
Hecht, roh	82	342	15	0,7	0,09	0,06
Karpfen, roh	115	482	44	0,5	0,07	0,05
Lachs, roh	202	845	15	0,9	0,18	0,16
Schleie, roh	77	323	1	*	0,08	0,18
Zander, roh	83	348	*	*	0,16	0,25
Fischdauerware, -zubereitungen	Angaben pro 100 mg bzw. 100 ml, (Fischanteil ohne Marinade)					
Aal, geräuchert	329	1377	940	*	0,19	0,37
Brathering	204	854	20	*	0,01	0,13
Bückling	224	938	28	1,2	0,04	0,25
Deutscher Kaviar	115	479	*	*	*	*
Flunder, geräuchert	110	461	*	*	*	*
Hering in Gelee	164	687	*	*	*	*
Hering, mariniert (Bismarckhering)	210	879	36	*	0,05	0,21
Heringsfilet						
in Tomatensauce	204	853	240	3,1	0,06	0,18
in Dosen	165	688	59	*	0,3	0,17
in Öl	271	1133	*	*	*	*
in Öl (Lachsersatz)	150	628	*	*	*	*
Krabben in Dosen	92	385	18	1,2	0,08	0,08
Krebsfleisch in Dosen	87	365	*	*	0,14	0,05
Lachs, geräuchert	289	1208	89	0,9	0,2	1,8
Makrele, geräuchert	222	930	60	1,6	0,14	0,35
Matjeshering	267	1119	*	*	*	*
Ölsardinen in Dosen	222	927	49	*	0,04	0,3
Rotbarsch, geräuchert	145	605	*	*	*	*
Russischer Kaviar	244	1020	560	*	0	*

Niacin in mg	B₆ in mg	C in mg	Natrium in mg	Kalium in mg	Kalzium in mg	Phospor in mg	Magnesium in mg	Eisen in mg	Fluor in mg
1,6	0,15	*	74	304	20	215	25	0,6	0,08
1,9	0,15	*	30	378	63	216	51	0,7	0,03
7,2	0,98	1	51	371	13	266	29	1,0	0,03
4,0	*	1	33	369	58	207	50	0,8	*
2,3	*	1	24	377	49	151	50	0,8	*
3,5	0,16	*	500	243	19	250	18	0,7	0,18
3,9	*	0	569	182	36	240	*	1,1	0,3
4,3	0,5	0	689	343	35	256	32	1,1	0,36
*	*	*	2120	73	51	*	*	*	*
*	*	*	481	410	22	*	*	*	*
*	*	*	594	159	*	*	*	*	*
*	0,15	*	1030	98	38	149	12	*	0,07
2,6	*	1	526	352	49	190	61	1,9	*
6,8	0,45	0	540	300	185	292	30	1,1	0,45
*	*	*	4070	282	*	*	*	*	*
*	*	*	2900	55	31	240	*	*	*
2,5	0,35	+	1000	110	45	182	48	0,8	0,2
1,6	*	*	356	296	45	180	*	0,8	*
8,2	*	*	64	475	23	308	38	1,0	0,8
10,0	0,5	0	261	275	5	240	33	1,2	*
*	*	*	2500	235	43	200	35	1,3	*
6,5	0,22	0	366	388	330	434	*	2,7	0,53
*	*	*	550	367	25	230	*	4,7	*
*	*	*	1940	164	51	300	*	1,4	*

Lebensmittel 100g eßbarer Anteil	kcal	kJ	A in µg	E in mg	B_1 in mg	B_2 in mg
Salzhering	218	911	48	*	0,04	0,29
Schellfisch, geräuchert	93	389	+	*	0,05	0,1
Schillerlocken	302	1264	*	*	*	*
Seeaal, geräuchert	167	700	*	*	*	*
Seelachs, geräuchert	98	412	9	*	0,03	0,2
Stockfisch	339	1420	23	*	0,09	0,11
Thunfisch in Öl	283	1185	370	*	0,05	0,06

7. Milch und Milchprodukte

Milch

Muttermilch	67	278	69	0,2	0,02	0,04
Kuhmilch, H-Milch 3,5% Fett	64	267	31	0,1	0,04	0,18
H-Milch, fettarm, 1,5%	47	195	13	+	0,04	0,18
H-Milch, entrahmt	35	144	2	+	0,04	0,19
Rohmilch, Vorzugsmilch	67	279	33	0,1	0,04	0,18
Trinkmilch, 3,5% Fett	64	267	31	0,1	0,04	0,18
Trinkmilch, fettarm, 1,5% Fett	47	195	13	+	0,04	0,18
Trinkmilch, entrahmt	35	144	1	+	0,04	0,19
Schafsmilch	97	405	50	*	0,05	0,23
Stutenmilch	47	197	17	*	0,03	0,03
Ziegenmilch	69	289	76	*	0,05	0,15
Milchprodukte						
Buttermilch	35	144	9	+	0,03	0,16
Buttermilchpulver	380	1590	66	1,0	0,35	1,5

Niacin in mg	B_6 in mg	C in mg	Natrium in mg	Kalium in mg	Kalzium in mg	Phosphor in mg	Magnesium in mg	Eisen in mg	Fluor in mg
3,0	0,22	0	5930	240	112	341	39	2,0	*
2,5	*	+	557	300	20	262	25	1,0	*
*	*	*	623	58	18	230	28	1,1	*
*	*	*	626	311	20	260	34	0,8	*
2,0	*	*	648	398	20	160	*	0,9	*
3,5	0,2	0	500	1500	60	450	*	4,3	0,5
10,8	0,25	0	291	248	7	294	28	1,2	*

0,2	0,01	4	13	47	31	15	4	0,1	0,02
0,1	0,05	2	48	157	120	102	12	0,1	0,02
0,1	0,05	2	49	155	123	94	12	0,1	0,02
0,1	0,05	1	50	150	125	96	14	0,1	0,02
0,1	0,05	2	48	157	120	102	12	0,1	0,02
0,1	0,05	1	48	157	120	92	12	0,1	0,02
0,1	0,05	1	49	155	123	94	12	0,1	0,02
0,1	0,05	1	50	150	125	96	14	0,1	0,02
0,5	*	4	30	182	183	115	11	0,1	*
0,1	0,03	15	64	9	110	54	9	0,1	*
0,3	0,03	2	42	177	123	103	13	0,1	0,02
0,1	0,04	1	57	147	109	90	16	0,1	0,02
1,0	0,34	5	628	1597	1200	991	176	1,1	0,22

Lebensmittel 100g eßbarer Anteil	kcal	kJ	A in µg	E in mg	B$_1$ in mg	B$_2$ in mg
Dickmilch, 3,5% Fett	61	254	31	0,1	0,03	0,18
entrahmt	32	133	2	+	0,03	0,19
Joghurt, 3,5% Fett	61	254	31	0,1	0,03	0,18
mit Früchten, gezuckert	94	391	ca. 20	0,1	0,03	0,15
Joghurt, 1,5% Fett	44	182	13	+	0,03	0,18
mit Früchten, Zucker	78	327	ca. 10	0,1	0,03	0,15
Kaffeeweißer in Pulverform	549	2298	*	*	*	*
Kakaotrunk aus Magermilch	52	219	*	*	0,04	0,18
Kefir, 3,5% Fett	61	254	31	0,1	0,03	0,18
Kondensmilch, 4% Fett	128	534	29	0,1	0,1	0,51
Kondensmilch, 7,5% Fett	133	556	53	0,2	0,07	0,37
10% Fett	176	737	72	0,2	0,09	0,48
Gezuckert, 8% Fett	320	1337	114	0,3	0,09	0,39
Kondensmagermilch, ungezuckert	83	347	*	*	*	*
gezuckert	269	1124	4	*	0,12	0,41
Milchpudding	94	393	30	+	0,03	0,14
Sahne, 10% Fett (Kaffeerahm)	123	516	74	0,3	0,03	0,16
30% Fett (Schlagsahne)	309	1291	275	0,8	0,03	0,15
Schlagsahne, extra	346	1446	312	0,9	0,03	0,14
Saure Sahne, 10% Fett	117	490	*	0,5	0,04	0,16
Saure Sahne, extra	187	782	*	0,5	0,04	0,15
Schmand, 24% Fett	239	1001	*	0,7	0,04	0,14
Crème fraîche, 40% Fett	378	1582	*	1,1	0,03	0,11

Niacin in mg	B₆ in mg	C in mg	Natrium in mg	Kalium in mg	Kalzium in mg	Phospor in mg	Magnesium in mg	Eisen in mg	Fluor in mg
0,1	0,05	1	48	157	120	102	12	0,1	0,02
0,1	0,05	1	50	150	125	96	14	0,1	0,02
0,1	0,05	1	48	157	120	102	12	0,1	0,02
0,1	0,04	2	ca.40	ca.130	ca.100	ca.90	10	+	0,01
0,1	0,05	1	49	155	123	94	14	0,1	0,02
0,1	0,04	2	ca.40	ca.130	ca.100	ca.90	10	+	0,01
*	*	*	*	*	*	*	*	*	*
0,1	0,05	1	ca.50	ca.170	ca.120	ca.110	12	0,3	0,01
0,1	0,05	1	48	157	120	92	12	0,1	0,02
0,3	0,08	3	137	448	336	262	37	0,1	0,05
0,2	0,06	2	98	322	242	189	27	0,1	0,04
0,3	0,08	3	128	420	315	246	35	0,1	0,05
0,2	0,06	4	88	360	238	236	25	0,3	0,03
*	*	+	*	*	*	*	*	*	*
0,3	0,07	2	180	500	340	270	38	0,3	0,03
0,1	0,04	2	ca.40	ca.120	ca.100	ca.80	10	+	0,01
0,1	0,04	1	40	132	101	85	11	0,1	0,02
0,1	0,04	1	34	112	80	63	10	+	0,01
0,1	0,03	1	32	105	75	59	9	+	0,01
0,1	0,02	1	58	158	110	88	12	0,1	0,01
0,1	0,02	1	53	144	100	80	11	0,1	0,01
0,1	0,02	1	49	133	93	74	10	0,1	0,01
+	0,01	1	39	105	73	59	8	+	0,01

Lebensmittel 100g eßbarer Anteil	kcal	kJ	A in µg	E in mg	B_1 in mg	B_2 in mg
Crème fraîche, 30% Fett	288	1204	*	*	*	*
Trockenmilchpulver						
aus Vollmilch	493	2064	253	*	0,27	1,4
aus Magermilch	348	1455	12	*	0,34	2,18

8. Käse

Frischkäse und Speisequark						
Doppelrahmfrischkäse	286	1197	310	*	0,02	0,21
Feta, 45% Fett i.Tr.	237	992	210	0,5	0,04	0,3
40% Fett i. Tr.	218	910	180	0,5	0,04	0,3
Frischkäsezubereitung mit Kräutern,						
60% Fett i. Tr.	251	1049	250	0,7	0,02	0,23
20% Fett i. Tr.	134	559	80	0,2	0,03	0,29
Körniger Frischkäse	81	337	30	*	0,03	0,28
Mascarpone	460	1926	520	1,4	0,02	0,21
Mozzarella, 45% Fett i. Tr.	225	939	*	*	0,03	0,27
Robiola, 75% Fett i. Tr.	333	1392	360	1,0	0,02	0,21
Schichtkäse,						
10% Fett i. Tr.	80	333	20	0,1	0,03	0,3
50% Fett i. Tr.	175	733	160	0,4	0,04	0,26
Speisequark mit Früchten,						
20% Fett i. Tr.	124	519	*	0,1	0,03	0,28
Speisequark,						
40% Fett i. Tr.	160	670	99	0,3	0,03	0,24
20% Fett i. Tr.	102	425	44	0,1	0,04	0,27

Niacin in mg	B$_6$ in mg	C in mg	Natrium in mg	Kalium in mg	Kalzium in mg	Phospor in mg	Magnesium in mg	Eisen in mg	Fluor in mg
*	*	*	*	*	*	*	*	*	*
0,7	0,2	11	371	1160	926	710	110	0,8	0,15
1,1	0,28	2	504	1642	1259	967	121	1,0	0,2
0,07	0,06	0	400	80	80	130	6	+	0,01
0,2	0,1	0	1300	150	450	337	19	0,7	0,01
0,2	0,1	0	1300	150	500	400	25	0,7	*
0,1	0,06	+	350	90	90	150	7	0,1	0,01
0,1	0,06	+	390	120	120	180	11	0,1	0,01
0,1	0,06	*	400	50	100	170	9	0,1	0,02
0,07	0,04	0	40	80	60	130	6	0,1	0,01
0,1	0,06	*	*	*	632	428	24	0,2	*
0,1	0,06	*	520	80	70	130	6	0,1	+
0,1	0,06	0	40	130	77	169	11	0,1	0,02
0,1	0,06	0	40	110	85	170	10	0,1	0,01
0,1	0,03	2	12,7	*	ca.30	ca.100	ca.70	ca.150	8
0,1	0,08	1	34	82	95	187	10	0,3	0,02
0,1	0,09	1	35	87	85	165	11	0,4	0,03

Lebensmittel 100g eßbarer Anteil	kcal	kJ	A in µg	E in mg	B_1 in mg	B_2 in mg
Speisequark, mager	73	304	2	0,1	0,04	0,31
Hartkäse, Schmelzkäse, Schnitt- und Weichkäse						
Appenzeller, 50% Fett i. Tr.	386	1615	350	0,9	0,04	0,44
Back-Camembert, 45% Fett i. Tr.	229	958	190	0,5	0,06	0,45
Bavaria Blue, 70% Fett i. Tr.	413	1727	440	1,2	0,04	0,35
Bel Paese	373	1562	*	*	0,03	0,22
Bergkäse, 45% Fett i. Tr.	386	1613	330	0,9	0,04	0,32
Bleu d' Auvergne, 50% Fett i. Tr.	358	1498	330	0,9	0,04	0,43
Bleu de Bresse, 50% Fett i. Tr.	358	1498	330	0,9	0,04	0,43
Brie, 50% Fett i. Tr.	314	1313	280	0,8	0,04	0,52
Butterkäse, 60% Fett i. Tr.	380	1591	380	1,0	0,05	0,3
30% Fett i. Tr.	244	1020	170	0,5	0,04	0,35
Cambozola, 70% Fett i. Tr.	413	1727	440	1,2	0,04	0,35
Camembert, 60% Fett i. Tr.	366	1531	370	1,0	0,04	0,4
45% Fett i. Tr.	280	1172	240	0,6	0,04	0,56
30% Fett i. Tr.	206	864	140	0,4	0,04	0,56
Chester (Cheddar), 50% Fett i. Tr.	393	1645	360	1,0	0,04	0,45
Edamer, 45% Fett i. Tr.	354	1481	280	0,8	0,04	0,3
30% Fett i. Tr.	253	1059	180	0,5	0,04	0,35

Niacin in mg	B₆ in mg	C in mg	Natrium in mg	Kalium in mg	Kalzium in mg	Phospor in mg	Magnesium in mg	Eisen in mg	Fluor in mg
0,2	0,1	1	40	95	92	160	12	0,4	0,03
0,1	0,07	0	600	100	800	500	36	0,3	0,13
1,3	0,16	0	700	190	310	300	26	0,7	0,07
1,2	0,15	0	700	100	360	200	18	0,3	0,1
0,3	*	*	*	*	604	480	*	*	*
0,1	0,11	0	300	100	1100	700	43	0,3	0,01
0,6	0,12	0	850	100	700	500	50	0,4	0,01
0,6	0,12	0	850	100	700	500	50	0,4	0,01
1,2	0,15	0	1170	150	400	188	20	0,3	0,1
0,1	0,06	0	700	100	600	300	27	0,4	0,1
0,1	0,06	0	800	100	800	500	40	0,4	0,1
1,2	0,15	0	700	100	360	200	18	0,3	0,1
1,2	0,12	0	944	105	400	310	29	0,6	0,1
1,2	0,15	0	975	110	570	350	17	0,2	0,03
1,2	0,15	0	900	120	600	540	20	0,2	0,03
0,1	0,1	0	775	102	752	500	30	0,6	0,1
0,1	0,06	0	654	67	678	403	36	0,6	0,1
0,1	0,07	0	800	95	800	560	59	0,6	0,1

Lebensmittel 100g eßbarer Anteil	kcal	kJ	A in µg	E in mg	B_1 in mg	B_2 in mg
Edelpilzkäse, 60% Fett i. Tr.	428	1792	430	1,2	0,04	0,4
Emmentaler, 45% Fett i. Tr.	386	1613	330	0,4	0,04	0,32
Favorel, Danbo, 45 % Fett i. Tr.	325	1360	280	0,8	0,04	0,3
Gorgonzola, 50% Fett i.Tr.	358	1500	*	*	0,05	0,43
Gouda, 40% Fett i. Tr.	300	1253	250	0,7	0,4	0,3
deutscher, 48% Fett i. Tr.	343	1434	310	0,8	0,04	0,3
Gruyère, 45% Fett i. Tr.	410	1715	*	*	0,05	0,3
Harzer, Korbkäse, Mainzer Handkäse	126	528	10	+	0,03	0,35
Hobelkäse, 50% Fett i. Tr.	474	1983	420	1,1	0,03	0,5
Jarlsberg, 45% Fett i. Tr.	349	1460	300	0,8	0,02	0,37
Käsefondue	282	1181	*	*	*	*
Käsepastete m. Wal- nüssen, 50% Fett i. Tr.	314	1315	310	0,8	0,07	0,37
Kochkäse, 40% Fett i. Tr.	187	781	150	0,4	0,04	0,30
10% Fett i. Tr.	101	423	30	0,1	0,04	0,38
Leerdamer, 45% Fett i. Tr.	352	1473	300	0,8	0,04	0,35
Limburger, 40% Fett i. Tr.	270	1130	220	0,6	0,05	0,35
20% Fett i. Tr.	187	781	100	0,3	0,05	0,40
Lindenberger, 45% Fett i. Tr.	386	1613	330	0,9	0,04	0,32
light, 30% Fett i. Tr.	286	1197	200	0,5	0,04	0,34
Maaslander, 50% Fett i. Tr.	355	1486	330	0,9	0,04	0,3

Niacin in mg	B$_6$ in mg	C in mg	Natrium in mg	Kalium in mg	Kalzium in mg	Phospor in mg	Magnesium in mg	Eisen in mg	Fluor in mg
0,6	0,12	0	850	100	600	400	50	0,4	0,16
0,1	0,11	1	450	100	1100	636	35	0,3	0,06
0,1	0,07	0	600	100	800	550	36	0,3	0,1
0,3	0,11	*	*	*	612	356	*	0,3	*
0,1	0,07	0	600	100	800	443	28	0,5	0,1
0,1	0,06	0	600	100	750	440	28	0,5	0,1
*	0,08	*	336	81	1000	605	*	*	*
0,7	0,03	0	1520	100	125	270	15	0,3	0,2
0,2	0,1	0	1000	100	1200	800	44	0,6	0,1
0,1	0,06	0	600	120	800	530	40	0,4	0,1
*	*	*	*	*	*	*	*	*	*
0,4	0,07	0	1200	160	400	600	30	1,0	0,1
0,2	0,07	0	400	100	160	240	16	0,2	0,02
0,2	0,07	0	400	100	200	300	20	0,3	0,02
0,1	0,06	0	600	100	750	500	40	0,3	0,1
0,2	0,1	0	1300	128	534	250	20	0,6	0,1
0,2	0,1	0	1280	116	510	285	20	0,4	0,1
0,1	0,11	0	300	100	1100	700	43	0,3	0,2
0,1	0,11	0	300	100	1200	730	46	0,3	0,2
0,1	0,06	0	600	100	700	500	33	0,4	0,1

Lebensmittel 100g eßbarer Anteil	kcal	kJ	A in µg	E in mg	B_1 in mg	B_2 in mg
Morbier, 40% Fett i. Tr.	297	1242	250	0,7	0,04	0,35
Parmesan, 32% Fett i. Tr.	386	1616	250	0,7	0,03	0,5
Provolone, 50% Fett i. Tr.	365	1528	*	*	0,02	0,32
Pyrenäenkäse, 50% Fett i. Tr.	356	1488	330	0,9	0,04	0,32
Raclette, 48% Fett i. Tr.	343	1434	310	0,8	0,04	0,3
Reibekäse, 45% Fett i. Tr.	386	1613	330	0,9	0,04	0,32
Romadur, 30% Fett i. Tr.	226	946	160	0,4	0,05	0,35
20% Fett i. Tr.	187	781	100	*	0,05	0,4
Schmelzkäse, 45% Fett i. Tr.	264	1103	250	*	0,03	0,38
30% Fett i. Tr.	209	874	150	0,4	0,03	0,38
20% Fett i. Tr.	188	787	110	0,3	0,03	0,38
Scheibletten, 20% Fett i. Tr.	207	866	120	0,3	0,03	0,38
Zubereitung mit Champignons oder Schinken, 40% Fett i. Tr.	251	1050	210	0,6	0,03	0,38
Steppenkäse, 45% Fett i. Tr.	325	1360	280	0,8	0,04	0,35
Tête de Moine, 50% Fett i. Tr.	386	1615	330	*	0,05	0,3
Tilsiter, 45% Fett i. Tr.	325	1360	280	0,8	0,04	0,35
30% Fett i. Tr.	254	1061	180	0,5	0,05	0,4
Weichkäse mit grünem Pfeffer oder Knoblauch, 60% Fett i. Tr.	366	1531	370	1,0	0,04	0,4
Westberg, 45% Fett i. Tr.	352	1473	300	0,8	0,04	0,35

Niacin in mg	B₆ in mg	C in mg	Natrium in mg	Kalium in mg	Kalzium in mg	Phosphor in mg	Magnesium in mg	Eisen in mg	Fluor in mg
0,1	0,06	0	600	100	800	550	40	0,4	0,1
0,2	0,1	0	704	131	1180	743	44	1,0	0,2
0,2	*	*	*	*	881	576	31	0,5	*
0,1	0,06	0	600	100	700	500	36	0,4	0,1
0,1	0,06	0	600	100	750	500	34	0,3	0,1
0,1	0,11	0	300	100	1100	700	43	0,3	0,2
0,2	0,1	0	1230	117	370	316	20	0,3	0,1
0,2	0,1	0	800	100	448	300	25	0,4	0,1
0,2	0,07	*	1260	65	547	944	30	0,9	0,1
0,2	0,07	0	1100	200	600	900	30	0,9	0,1
0,2	0,07	0	1200	200	600	1100	30	0,9	0,1
0,2	0,07	0	1200	200	700	1200	30	0,9	0,1
0,2	0,07	0	1100	200	500	700	30	0,9	0,1
0,1	0,06	0	600	100	750	500	36	0,4	0,1
0,1	0,06	*	700	100	900	600	40	0,3	0,1
0,1	0,06	0	779	60	858	500	31	0,2	0,1
0,1	0,06	0	600	100	850	570	40	0,4	0,1
1,2	0,12	0	700	120	280	250	16	0,3	0,1
0,1	0,06	0	600	100	750	500	40	0,3	0,1

Lebensmittel 100g eßbarer Anteil	kcal	kJ	A in μg	E in mg	B_1 in mg	B_2 in mg
Westlight, 30%	271	1133	180	0,5	0,05	0,035
Ziegenkäse, Schnittkäse, 48% Fett i. Tr.	329	1378	330	*	0,06	0,31
Ziegenkäse, Weichkäse, 45% Fett i. Tr.	280	1172	250	*	0,05	0,5

9. Eier

Eier und Trockeneizubereitungen						
Hühnerei, St. 58 g (Gew.-Kl. 4)	84	351	105	0,4	0,07	0,18
St. 48 g (Gew.-Kl. 6)	70	291	88	0,3	0,06	0,15
Hühnereigelb	353	1476	550	2,1	0,29	0,4
Hühnereigelb, getrocknet	681	2850	1,1 mg	*	0,5	0,66
Hühnereiklar	48	202	+	0	0,02	0,32
Hühnereiklar, getrocknet	352	1471	0	*	0,04	2,1
Hühnervollei, getrocknet	571	2388	800	9,5	0,44	1,38

10. Gemüse, Pilze, Hülsenfrüchte, Samen und Nüsse

Artischocke, roh	22	91	4	0,2	0,14	0,01
Aubergine, roh	17	72	7,2	0,03	0,04	0,04
Bambussprossen	17	72	2	*	0,13	0,08
Blattsellerie, roh	23	98	*	*	0,03	0,04
Staudensellerie, roh	15	64	483	*	0,05	0,08

Niacin in mg	B₆ in mg	C in mg	Natrium in mg	Kalium in mg	Kalzium in mg	Phospor in mg	Magnesium in mg	Eisen in mg	Fluor in mg
0,1	0,07	0	600	100	900	600	40	0,3	0,1
0,4	0,03	*	600	290	700	500	43	0,5	0,1
3,5	0,2	*	800	230	430	400	25	0,4	0,1
+	0,06	+	84	75	30	115	7	1,2	0,03
+	0,05	+	69	62	26	97	6	1	0,02
0,1	0,3	0	50	138	141	569	16	7,2	0,03
0,1	0,58	0	97	168	272	1099	31	13,9	0,06
0,1	0,01	+	170	148	11	21	11	0,2	0,08
0,7	0,02	0	1420	1077	80	110	80	0,9	0,58
0,2	0,08	0	521	490	190	757	47	8,8	0,43
0,9	*	8	47	350	53	130	26	1,5	*
0,6	0,08	5	3	224	13	21	11	0,4	*
0,6	*	6	6	470	15	55	*	0,7	*
0,3	*	7	96	291	50	40	27	0,5	*
0,6	0,09	7	132	344	80	48	12	0,5	*

Lebensmittel 100g eßbarer Anteil	kcal	kJ	A in µg	E in mg	B_1 in mg	B_2 in mg
Blumenkohl, roh	22	92	2	0,1	0,1	0,11
gekocht	18	76	2	0,09	0,09	0,08
tiefgekühlt, gekocht	17	73	14	*	*	*
tiefgefroren	22	93	14	*	0,06	0,06
Bohnen, grün, roh	32	136	60	0,1	0,08	0,11
gekocht	27	112	53	*	0,07	0,09
getrocknet	290	1215	*	0,5	0,5	0,4
in Dosen	22	92	33	0,05	0,07	0,04
Brennessel	12	50	800	*	*	*
Broccoli, roh	26	108	143	0,6	0,1	0,2
gekocht	22	92	*	*	0,09	0,18
Brunnenkresse, roh	18	77	691	*	0,09	0,2
Chicorée, roh	16	68	572	+	0,05	0,03
Chinakohl, roh	12	52	71	*	0,03	0,04
Eisbergsalat	10	43	280	*	0,06	0,1
Endivien, roh	13	54	208	0,6	0,11	0,01
Erbsen, grün, roh	70	293	50	*	0,32	0,15
gekocht, abgetropft	68	283	53	*	0,23	0,16
in Dosen	56	233	43	*	0,1	0,6
Feldsalat	14	57	650	0,6	0,07	0,08
Fenchel, roh	24	98	783	*	0,23	0,11
Frühlingszwiebeln	23	98	103	0,1	0,05	0,03
Gartenkresse, roh	33	138	365	0,7	0,15	0,19
Grüner Pfeffer, roh	16	67	200	0,8	0,01	0,03
gekocht	14	60	200	0,8	0,01	0,02
Grünkohl (Braunkohl), roh	37	153	861	1,7	0,1	0,2
Gurken, roh	12	51	65	0,1	0,02	0,03
Salz-Dill-Gurken	25	104	*	*	0,01	0,02

Niacin in mg	B$_6$ in mg	C in mg	Natrium in mg	Kalium in mg	Kalzium in mg	Phospor in mg	Magnesium in mg	Eisen in mg	Fluor in mg
0,6	0,2	69	16	328	22	54	17	0,6	0,01
0,5	*	45	11	217	18	41	*	0,4	+
*	*	*	12	218	14	49	*	0,5	+
0,6	*	46	13	237	16	54	*	0,6	+
0,5	0,28	19	2	243	56	38	26	0,8	0,01
0,5	*	12	*	151	50	37	*	0,6	*
3,4	*	24	*	1770	197	419	*	7,0	*
0,3	0,03	4	249	148	34	24	20	1,3	*
*	*	200	18	316	190	61	*	41	*
1,1	0,28	115	19	373	105	82	24	1,3	0,01
0,9	*	90	9	324	87	65	*	0,9	*
0,7	*	51	12	276	180	64	34	3,1	*
0,2	0,05	10	4	192	26	26	13	0,7	*
0,4	0,12	26	19	144	40	30	11	0,6	0,02
0,4	*	10	53	346	54	54	10	1,4	*
*	0,03	3	2	160	19	18	5	0,4	*
2,5	*	25	1	340	15	100	30	1,9	*
2,0	*	17	2	213	22	91	*	1,3	*
0,9	0,05	9	222	150	20	62	20	1,5	*
0,4	0,25	35	4	420	32	49	13	2	*
0,2	0,1	93	86	494	109	51	49	2,7	*
*	0,13	26	7	260	39	29	12	1,9	*
1,8	0,3	59	5	550	214	38	*	2,9	0,02
0,7	*	100	2	210	9	25	11	0,4	*
0,6	*	60	2	170	9	22	10	0,4	*
2,1	0,25	105	44	490	212	87	31	1,9	0,02
0,2	0,04	8	8	141	15	23	8	0,5	0,02
*	*	2	960	*	30	30	*	1,6	*

Lebensmittel 100g eßbarer Anteil	kcal	kJ	A in µg	E in mg	B_1 in mg	B_2 in mg
Knoblauch, roh	139	581	*	0,01	0,2	0,08
Knollensellerie, roh	18	77	3	0,5	0,04	0,07
gekocht	20	82	*	2,5	0,04	0,05
Kohlrabi, roh	24	102	33	*	0,05	0,05
Kohlrübe, roh (Steckrübe)	35	146	17	*	0,07	0,07
Kopfsalat, roh	12	49	240	0,6	0,06	0,08
Kürbis, roh	26	107	127	1,1	0,05	0,07
Löwenzahnblätter	52	218	1,3 mg	2,5	0,2	0,17
Mangold, roh	14	58	588	*	0,09	0,16
Meerrettich, roh	63	263	4	*	0,14	0,11
Möhren (Karotten), roh	28	117	1,6 mg	0,6	0,07	0,05
gekocht	18	77	*	*	0,06	0,03
getrocknet	194	811	*	5,0	0,3	0,3
in Dosen	20	84	*	*	0,02	0,02
Saft	22	92	437	*	*	*
Paprika, roh	20	84	180	2,5	0,07	0,05
gedünstet	19	80	100	0,5	0,05	0,04
Pastinake, roh	22	92	4	1,0	0,08	0,13
Petersilienblatt, roh	50	211	902	3,7	0,14	0,3
Petersilienwurzel, roh	40	168	5	*	0,1	0,1
Porree (Lauch), roh	25	104	167	0,5	0,09	0,07
Portulak, roh	26	108	177	*	0,03	0,1
Radicchio	13	54	4	*	0,04	0,04
Radieschen, roh	14	57	133	0,5	0,04	0,03
Rettich, roh	14	57	2	*	0,03	0,03
Rhabarber, roh	13	55	12	0,2	0,02	0,03
gekocht, ungesüßt	11	45	10	0,2	0,01	0,02

Niacin in mg	B$_6$ in mg	C in mg	Natrium in mg	Kalium in mg	Kalzium in mg	Phospor in mg	Magnesium in mg	Eisen in mg	Fluor in mg
0,6	*	14	*	*	38	134	*	1,4	*
0,9	0,2	8	77	310	68	80	9	0,5	0,01
0,4	*	5	60	240	51	90	5	0,4	0,01
1,0	0,07	63	32	372	68	51	43	0,9	*
0,9	0,2	33	10	227	47	31	11	0,5	0,03
0,3	0,06	13	8	172	20	22	9	0,3	0,03
0,5	0,1	12	1	383	22	44	8	0,8	*
0,8	*	33	76	435	158	70	36	3,1	*
0,6	*	39	90	376	103	39	*	2,7	*
0,6	0,2	114	9	554	105	65	33	1,4	*
0,6	0,3	7	60	290	41	36	17	2,1	0,04
0,5	*	5	42	189	37	30	*	0,6	*
3,4	*	19	495	2640	256	103	*	4,7	+
0,3	0,02	3	61	140	24	22	*	0,7	0,02
*	*	4	52	219	27	31	*	*	*
0,4	0,27	140	2	177	10	29	12	0,7	*
0,4	0,2	105	1	149	9	20	11	0,5	*
0,9	0,1	18	8	469	51	73	22	0,6	0,01
1,4	0,2	166	33	1000	245	128	41	6,0	0,1
2,0	0,23	41	12	880	39	56	26	0,9	+
0,5	0,26	26	5	235	87	46	18	1,0	0,01
0,5	0,15	22	2	390	95	35	151	3,6	+
0,2	0,06	27	17	255	35	28	8	1,2	0,1
*	0,1	28	10	240	40	27	11	1,5	*
0,4	0,06	29	18	322	32	30	15	0,8	*
0,2	0,04	10	2	270	52	24	13	0,5	0,04
0,1	0,03	6	1	182	48	18	10	0,4	0,03

Lebensmittel 100g eßbarer Anteil	kcal	kJ	A in µg	E in mg	B₁ in mg	B₂ in mg
Rosenkohl, roh	36	149	75	0,6	0,13	0,13
gekocht	31	128	52	*	0,08	0,14
Rote Rübe (Bete), roh	41	172	2	0,05	0,03	0,04
gekocht	25	106	2	*	0,03	0,03
Saft	36	152	*	*	*	*
Rotkohl, roh	21	86	3	1,7	0,07	0,05
Sauerampfer, roh	21	87	583	*	*	*
Sauerkraut, abgetropft, roh	17	70	3	*	0,03	0,05
Schnittlauch, roh	27	113	50	*	0,14	0,15
Schwarzwurzel, roh	16	67	3	6,0	0,11	0,03
gekocht	17	70	*	*	0,08	0,04
Spargel, roh	18	75	87	2,1	0,11	0,11
gekocht	13	52	45	1,8	0,09	0,1
in Dosen	13	52	50	*	0,06	0,08
Spinat, roh	15	64	781	1,4	0,1	0,2
gekocht	14	59	*	*	0,07	0,16
Saft	9	36	*	*	0,01	0,08
tiefgefroren	14	59	500	*	0,09	0,16
Süßkartoffel (Patate), roh	108	453	1 mg	*	0,06	0,05
Tomaten, roh	17	73	84	0,8	0,06	0,04
in Dosen	19	78	102	*	0,06	0,03
Mark, gesalzen	39	162	207	*	0,09	0,06
Saft	17	72	90	*	0,05	0,04
Topinambur, roh	30	127	2	*	0,2	0,06

Niacin in mg	B₆ in mg	C in mg	Natrium in mg	Kalium in mg	Kalzium in mg	Phosphor in mg	Magnesium in mg	Eisen in mg	Fluor in mg
0,7	0,3	112	9	390	31	84	22	1,1	*
0,6	0,2	87	5	288	27	76	18	0,8	*
0,2	0,05	10	58	335	29	45	25	0,9	0,02
0,1	0,04	6	48	208	22	36	20	0,5	0,01
*	*	3	200	242	2	29	*	*	*
0,4	0,15	50	4	267	35	32	18	0,5	0,01
*	*	47	4	362	54	71	41	8,5	*
0,2	0,2	20	355	288	48	43	14	0,6	*
0,6	*	47	3	434	129	75	44	1,9	*
0,3	*	4	5	320	53	76	23	3,3	*
0,2	*	3	4	224	47	61	*	2,9	*
1,0	0,06	20	4	203	26	46	18	0,7	0,05
0,7	0,04	16	2000	136	18	38	15	0,6	0,05
0,8	0,03	15	355	104	17	38	6	0,9	0,05
0,6	0,2	51	65	633	126	55	58	4,1	0,1
0,5	*	29	46	324	126	41	46	2,2	*
0,2	*	29	73	412	1	44	40	1,5	*
0,5	*	29	40	320	120	45	46	2,1	*
0,6	0,3	30	4	400	35	45	25	0,8	*
0,5	0,1	25	3	242	9	18	14	0,6	0,02
0,7	*	17	9	193	27	11	13	0,5	*
1,5	*	9	590	1160	60	34	32	*	*
0,7	0,1	17	5	230	15	15	9,5	0,6	*
1,3	*	4	*	480	10	80	20	3,7	*

Lebensmittel 100g eßbarer Anteil	kcal	kJ	A in µg	E in mg	B$_1$ in mg	B$_2$ in mg
Pilze						
Austernpilz	11	44	*	*	0,19	0,29
Birkenpilz	18	74	*	*	0,1	0,44
Butterpilz	12	49	*	*	*	*
Champignon	15	64	2	0,3	0,1	0,45
in Dosen	16	67	*	*	0,02	0,22
Hallimasch	15	63	*	*	*	*
Morchel (Speise-)	12	48	*	0,2	0,13	0,06
Pfifferling	12	49	217	0,1	0,02	0,23
getrocknet	93	389	*	*	*	*
in Dosen	13	53	217	*	*	*
Reizker	14	60	*	*	0,1	0,06
Rotkappe	14	60	*	*	*	*
Steinpilz	17	70	*	0,6	0,03	0,37
getrocknet	124	519	*	0,2	*	*
Trüffel	27	111	*	*	*	*
Hülsenfrüchte						
Alfalfa-Luzerne, Sprossen, frische	31	128	0	*	0,08	0,13
Bohnen, weiß	262	1098	67	0,2	0,5	0,2
Bohnensprossen, frische	34	140	0	*	0,37	0,22
Erbsen	269	1127	13	*	0,76	0,27
Kichererbsen	275	1152	30	*	0,5	0,2
Kichererbsen, Sprossen, frische	144	600	+	*	0,23	0,15
Limabohne	268	1124	*	*	0,5	0,19
Linsen	315	1316	17	*	0,45	0,26
Saubohne	309	1294	*	*	*	*

Niacin in mg	B₆ in mg	C in mg	Natrium in mg	Kalium in mg	Kalzium in mg	Phospor in mg	Magnesium in mg	Eisen in mg	Fluor in mg
10	0,09	0,6	6	254	12	67	13	1,23	*
4,9	*	7	2	360	2	83	10	1,6	*
*	*	8	*	190	25	*	6	1,3	*
4,7	0,06	4	8	418	10	120	13	1,1	0,03
1,6	0,06	2	319	121	19	69	15	0,8	*
*	*	5	*	429	4	121	12	0,9	*
*	*	5	2	390	11	162	16	1,2	*
6,5	*	6	3	367	4	56	14	6,5	0,05
*	*	2	32	5370	85	581	*	17,2	*
*	0,04	3	165	155	5	33	6	1	*
*	*	6	6	310	6	74	12	1,3	*
*	*	*	+	314	30	*	9	*	0,03
4,9	*	3	6	341	4	85	12	1,0	0,06
*	*	*	14	2000	34	642	*	8,4	*
*	*	*	77	526	24	62	24	3,5	*
*	0,03	8	6	79	30	70	27	0,96	*
2,1	0,41	2	3	1300	113	430	140	6,1	0,09
2	0,1	20	153	307	30	60	50	1	*
2,8	0,12	1	26	930	51	378	116	5,2	0,04
1,5	0,54	4	27	810	124	407	155	6,9	*
*	0,27	10	13	380	36	165	56	2,26	*
2,5	0,47	0	20	1700	85	353	201	6,3	*
2,2	0,6	*	6,6	810	74	412	129	7,5	0,03
*	*	*	*	*	*	*	*	*	*

Lebensmittel 100g eßbarer Anteil	kcal	kJ	A in µg	E in mg	B_1 in mg	B_2 in mg
Sojabohnen	323	1351	63	1,5	1	0,5
Sojakäse (Tofu)	85	356	4	0,5	0,08	0,05
Sojamehl, vollfett	347	1452	14	1,5	0,77	0,28
Sojasprossen	49	206	4	0,1	0,2	0,12
Sojafleisch, trocken i. D.	249	1043	6	13	1,1	0,3
Sojawurst i. D.	313	1311	51	4,6	0,06	0,3
Samen und Nüsse						
Cashewnuß	569	2380	10	0,8	0,63	0,25
Erdnuß	570	2385	+	10,3	0,9	0,15
geröstet	588	2459	110	10	0,25	0,14
Erdnußbutter	630	2636	*	8,6	0,13	0,13
Erdnußflocken	520	2176	*	*	*	*
Haselnuß	647	2705	5	26,6	0,4	0,2
Kastanie, Marone	196	818	4	1,2	0,23	0,22
Kokosnuß, reif	363	1520	*	0,8	0,06	0,01
Kokosmilch	9	36	0	*	+	+
Kokosraspeln	606	2536	*	0,1	0,04	0,6
Leinsamen, ungeschält	398	1666	*	57	0,17	0,16
Mandeln	577	2413	23	25,2	0,22	0,6
Mohnsamen	466	1949	*	4	0,86	0,17
Macadamianuß	687	2874	*	*	0,28	0,12
Paranuß	673	2818	3	7,6	1	0,04
Pekannuß	703	2941	13	3,1	0,86	0,13
Pinienkerne	674	2820	8	*	1,3	0,23
Pistazienkerne	618	2584	25	5,2	0,69	0,2
Sesam-Samen	562	2350	6	5,7	1	0,25
Sonnenblumenkerne	580	2428	*	21,8	1,9	0,14
Walnuß	666	2788	10	6	0,35	0,1

Niacin in mg	B$_6$ in mg	C in mg	Natrium in mg	Kalium in mg	Kalzium in mg	Phospor in mg	Magnesium in mg	Eisen in mg	Fluor in mg
2,5	1	0	4	1750	201	550	220	6,6	0,36
0,2	0,05	0	7	121	105	98	103	5,4	0,01
2,2	0,51	0	4	1870	195	553	247	12,1	0,1
1,2	*	7	17	250	42	58	25	0,8	0,03
2,5	*	0	*	2100	250	650	300	11	0,12
1,1	*	3	512	302	45	111	23	1,6	0,07
1,8	*	*	15	552	31	375	270	2,8	0,14
15,3	0,44	0	11	661	40	341	163	1,8	0,13
14,3	0,4	0	5	777	65	410	180	2,3	0,14
15	*	*	*	670	65	410	175	2	*
*	*	*	*	*	*	*	*	*	*
1,4	0,31	3	2	630	225	330	150	3,8	0,02
0,9	0,35	27	2	707	33	87	45	1,4	*
0,4	0,06	2	35	379	20	94	39	2,3	*
0,1	0,03	2	47	282	27	33	28	0,1	*
*	*	*	28	750	22	160	90	3,6	0
1,4	*	*	*	*	198	662	*	8,2	*
4,1	0,16	0	20	835	252	454	170	4,1	0,1
1	0,44	*	21	705	2	854	333	9,5	*
1,5	*	*	*	265	51	201	*	0,2	*
0,2	0,11	2	2	644	130	674	160	3,4	*
2	*	*	3	604	73	290	142	2,4	*
4,5	*	*	*	*	12	605	*	5,2	*
1,5	*	7	*	1020	130	500	160	7,3	*
5	*	*	45	458	783	607	347	10	*
4,1	0,6	*	2	725	100	618	420	6,3	*
1	0,87	3	2	570	87	410	135	2,1	0,7

11. Obst

Lebensmittel 100g eßbarer Anteil	kcal	kJ	A in µg	E in mg	B_1 in mg	B_2 in mg
Acerola, roh	16	66	28	*	0,02	0,06
Konzentrat, fest	261	1093	*	*	0,5	0,7
Saft	22	92	*	*	0,02	0,06
Ananas, roh	55	231	3	0,1	0,08	0,03
in Dosen	86	361	7	*	0,08	0,02
Saft	53	220	8	*	0,05	0,02
Apfel, ungeschält	54	225	4	0,5	0,04	0,03
Gelee	242	1013	*	*	*	*
getrocknet	255	1067	*	*	0,1	0,11
Mus	79	328	6	*	0,01	0,02
Saft	57	208	7	*	0,02	0,03
Apfelsine, roh	42	177	11	0,3	0,09	0,04
Konfitüre	259	1082	*	*	*	*
Saft, frisch gepreßt	46	192	12	*	0,1	0,03
Saft-Konzentrat	212	885	72	*	0,4	0,1
Saft, ungesüßt	44	185	12	*	0,08	0,02
Aprikosen, roh	43	180	265	0,5	0,04	0,05
getrocknet	240	1003	5790	*	0,01	0,11
in Dosen	71	298	123	*	0,02	0,02
Konfitüre	248	1037	*	*	0,01	0,02
Kompott	58	244	*	*	*	*
Nektar, 40% Frucht	60	250	105	*	0,01	0,01
Banane, roh	94	392	8	0,3	0,05	0,06
Kochbanane, roh	123	517	*	*	*	*
getrocknet	326	1362	13	*	0,20	0,2
Birne, roh	55	231	3	0,4	0,03	0,04
getrocknet	213	890	21	*	0,01	0,18
in Dosen	76	319	2	*	0,01	0,02

Niacin in mg	B₆ in mg	C in mg	Natrium in mg	Kalium in mg	Kalzium in mg	Phospor in mg	Magnesium in mg	Eisen in mg	Fluor in mg
0,4	0,1	1700	3	83	12	17	12	0,2	0,01
5,7	*	17.000	210	2330	1	212	+	+	*
0,4	*	1000	3	*	10	90	*	0,5	*
0,2	0,08	20	2	172	16	9	17	0,4	0,01
0,2	0,07	7	1	75	13	6	8	0,3	*
0,2	*	9	1	149	12	9	12	0,7	*
0,3	0,1	12	3	144	7	12	6	0,5	*
*	*	*	15	49	10	3	*	*	*
0,8	*	11	10	622	31	51	*	1,2	0,01
0,1	0,06	2	2	114	4	6	10	0,4	*
0,3	0,05	1	2	109	7	8	4	0,3	0,01
0,4	0,1	50	1	177	42	22	14	0,4	+
*	*	4	11	53	32	5	*	*	*
0,4	0,05	52	1	157	11	16	12	0,2	0,01
1,7	*	237	5	674	34	86	83	1,3	*
0,3	0,03	42	1	186	13	17	12	0,3	*
0,7	0,07	10	2	280	17	22	9	0,6	0,01
3,3	0,17	12	11	1370	82	111	50	4,4	0,05
0,5	0,05	4	13	171	11	15	9	0,7	*
*	*	*	*	104	8	11	*	*	*
*	*	*	*	*	*	*	*	*	*
0,2	*	3	+	151	9	12	*	0,2	*
0,7	0,37	11	1	382	8	27	36	0,6	0,02
*	*	*	*	*	*	*	*	*	*
2,8	*	7	4	1477	32	104	*	2,8	*
0,2	0,02	5	2	128	9	13	8	0,3	0,01
0,6	*	7	7	573	35	48	*	1,3	*
0,1	0,01	2	4	65	6	8	4	0,4	*

Lebensmittel 100g eßbarer Anteil	kcal	kJ	A in µg	E in mg	B_1 in mg	B_2 in mg
Nektar, 40% Frucht	55	228	+	*	+	0,02
Brombeere, roh	44	183	45	0,7	0,03	0,04
Saft	38	158	*	*	0,02	0,03
Cherimoya (Anone)	63	264	0	*	0,09	0,11
Dattel, getrocknet	277	1160	25	*	0,04	0,09
Eberseschenfrucht	85	356	408	*	*	*
Erdbeere, roh	32	134	3	0,1	0,03	0,06
in Dosen	77	320	*	*	0,01	0,03
Konfitüre	256	1072	*	*	0,01	0,01
tiefgefroren	33	137	13	0,2	0,03	0,06
Feige, roh	60	253	8	*	0,06	0,05
getrocknet	247	1032	8	*	0,11	0,1
Granatapfelsaft	69	290	0	*	0,02	0,03
Grapefruit, roh	45	187	34	0,3	0,05	0,03
Saft	36	152	+	*	0,04	0,02
Saft in Dosen, ungesüßt	47	197	2	*	0,03	0,02
Saft in Dosen, gesüßt	58	241	+	*	0,03	0,02
Guavas in Dosen	65	273	0	*	0,04	0,03
Hagebutten, roh	89	370	800	4,2	0,06	0,07
Frucht und Schale	89	373	*	*	*	*
Konfitüre	252	1056	*	*	*	*
Heidelbeeren, roh	37	154	6	2,1	0,01	0,02
in Dosen, ungesüßt	24	98	4	*	0,01	0,01
in Dosen, gesüßt	81	337	+	*	0,03	0,04
Konfitüre	257	1077	*	*	*	*
Kulturheidelbeeren	83	349	10	*	0,03	0,06
tiefgefroren, ungesüßt	83	349	18	*	0,03	0,06

Niacin in mg	B$_6$ in mg	C in mg	Natrium in mg	Kalium in mg	Kalzium in mg	Phospor in mg	Magnesium in mg	Eisen in mg	Fluor in mg
+	*	+	1	39	3	5	*	0,1	*
0,4	0,05	17	2	180	44	30	30	0,9	*
0,3	*	10	1	170	12	12	*	0,9	*
1,0	*	25	*	*	15	40	*	0,6	*
2	0,1	2	35	649	61	60	50	1,9	*
*	*	98	+	234	42	33	17	2,0	0,03
0,6	0,06	62	2	147	24	29	15	1,0	0,02
0,3	0,03	30	8	96	7	25	22	1,9	*
0,3	*	9	*	62	9	10	*	*	*
0,6	*	60	2	156	24	25	15	1	0,02
0,4	0,1	3	2	217	54	32	20	0,6	0,02
1,0	0,12	2	37	850	190	108	70	3,2	*
0,2	*	8	1	200	3	8	3	0,2	*
0,2	0,03	44	2	180	18	16	10	0,4	0,04
0,2	0,01	40	1	142	10	13	9	0,2	0,02
0,2	0,01	35	1	149	8	13	8	0,5	*
0,2	0,01	35	+	149	8	13	7	0,4	*
0,9	*	180	7	120	8	11	6	*	*
0,5	0,05	1250	146	291	257	258	104	0,5	*
*	*	1500	*	*	*	*	*	*	*
*	*	51	5	165	71	*	*	*	*
0,4	0,06	22	1	65	13	11	2	0,9	0,02
0,2	*	12	*	*	11	6	*	*	*
0,4	*	8	4	59	12	16	4	2,6	*
*	*	*	*	64	*	14	*	*	*
0,5	*	14	*	80	15	13	6	1,0	*
0,5	*	7	1	70	10	11	*	0,8	*

Lebensmittel 100g eßbarer Anteil	kcal	kJ	A in µg	E in mg	B$_1$ in mg	B$_2$ in mg
Himbeeren, roh	33	140	4	0,9	0,03	0,07
in Dosen, gesüßt	86	361	*	*	0,01	0,06
in Dosen, ungesüßt	26	108	5	*	0,01	0,04
Konfitüre	251	1051	*	*	*	*
Saft, frisch gepreßt	28	118	7	*	0,03	*
Sirup	263	1101	*	*	0,06	0,03
Holunderbeeren, schwarz, roh	54	228	60	*	0,07	0,07
Saft	38	160	*	*	0,03	0,06
Honigmelone, roh, Fruchtfleisch	54	228	783	0,1	0,06	0,02
Johannisbeeren, rot	33	138	4	0,7	0,04	0,03
schwarz	39	164	13	1,9	0,05	0,05
weiß	30	127	0	*	0,08	0,02
Gelee, rot	247	1033	*	*	*	*
Konfitüre	257	1073	*	*	*	*
Nektar, rot	61	224	4	*	+	+
Nektar, schwarz	64	236	4	*	+	+
Kaki	72	301	266	*	0,02	0,02
Kaktusfeigen	38	159	9	*	0,01	0,03
Kirschen, süß, roh	63	262	6	0,1	0,04	0,04
sauer, roh	53	222	50	0,1	0,05	0,06
im Glas	83	347	70	*	0,03	0,02
Konfitüre	250	1046	*	*	*	*
Kiwi	50	209	7	*	0,02	0,05
Korinthen, schw. u. rot, getrocknet	259	1084	*	*	0,03	0,08
Litschi, roh	75	315	0	*	0,03	0,05

Niacin in mg	B₆ in mg	C in mg	Natrium in mg	Kalium in mg	Kalzium in mg	Phospor in mg	Magnesium in mg	Eisen in mg	Fluor in mg
0,3	0,08	25	1	169	40	44	30	1,0	*
0,3	0,04	5	7	92	18	13	13	1,8	*
0,5	*	9	1	114	15	15	*	0,6	*
*	*	3	*	*	*	16	*	*	*
*	*	25	3	153	18	13	16	2,6	*
0,2	0,03	16	2	90	16	15	7	2,0	*
1,5	0,25	18	1	303	37	57	*	1,6	*
1,4	0,09	26	1	288	5	45	*	*	*
0,6	*	32	20	330	6	21	10	0,2	*
0,2	0,05	36	1	238	29	27	13	0,9	0,02
0,3	0,08	189	1	310	43	40	17	1,3	0,03
0,2	*	35	2	268	30	23	9	1,0	*
*	*	*	4	80	6	*	*	*	*
*	*	21	*	*	*	20	*	*	*
*	*	6	+	110	7	7	*	0,3	*
+	*	30	5	98	15	10	*	0,3	*
0,3	*	16	4	170	8	25	8	0,3	*
0,4	*	25	*	90	24	28	*	0,3	*
0,3	0,05	15	3	229	17	20	11	0,4	0,02
0,4	*	12	2	114	8	19	8	0,5	*
0,2	0,01	4	2	131	12	14	21	0,5	*
*	*	1	90	9	*	9	*	*	*
0,4	*	71	4	295	40	31	24	0,8	*
0,5	*	0	20	710	95	40	36	1,8	*
0,8	*	35	3	182	8	30	10	0,4	*

Lebensmittel 100g eßbarer Anteil	kcal	kJ	A in µg	E in mg	B₁ in mg	B₂ in mg
Loganbeere, roh, ganze Frucht	20	82	13	0,3	0,02	0,03
in Dosen	107	449	70	*	0,01	0,02
Mandarinen, roh	46	192	71	0,3	0,06	0,03
Saft	46	193	42	*	0,06	0,03
Saft, ungesüßt	44	185	42	*	0,06	0,02
Mango, roh	59	245	201	1,0	0,05	0,04
in Dosen	82	345	*	*	0,02	0,03
Maulbeere, roh	38	157	*	*	0,05	0,04
Melone	25	105	*	0,1	0,05	0,03
Mirabellen, roh	67	282	38	*	0,06	0,04
Mispel	44	186	133	+	0,03	0,2
Moosbeeren, roh	35	147	3	*	0,03	0,02
Nektarine	53	223	*	*	0,02	0,05
Olive, grün, mariniert	133	554	48	*	0,03	0,08
Papaya	13	55	160	*	0,03	0,04
Passionsfrucht	63	263	108	*	0,02	0,1
Pfirsich, roh	43	180	15	1,0	0,03	0,05
getrocknet	244	1020	83	*	0,01	0,14
in Dosen	69	289	29	*	0,01	0,02
Pflaumen, roh	49	205	65	0,8	0,07	0,04
getrocknet	222	927	23	+	0,15	0,12
in Dosen	75	315	11	*	0,03	0,03
Preiselbeeren, roh	35	145	4	1,0	0,02	0,02
in Dosen gesüßt	182	763	*	*	*	*
in Dosen, ungesüßt	34	143	*	*	*	*
Quitten, roh	38	159	6	*	0,03	0,03
Reineclaude, roh	56	236	30	*	*	*

Niacin in mg	B₆ in mg	C in mg	Natrium in mg	Kalium in mg	Kalzium in mg	Phospor in mg	Magnesium in mg	Eisen in mg	Fluor in mg
0,4	*	35	3	260	35	24	25	1,4	*
0,3	*	35	1	97	18	23	11	1,4	*
0,2	0,02	32	2	210	33	19	11	0,3	0,01
0,2	*	32	1	158	19	15	*	0,2	*
0,1	*	22	1	158	18	14	*	0,2	*
0,7	*	37	5	190	10	13	18	0,4	*
0,2	*	10	3	100	10	10	7	0,4	*
0,4	*	10	2	260	36	48	15	1,6	*
0,5	*	25	14	320	19	30	20	0,8	*
0,6	*	7	+	230	12	33	15	0,5	*
*	*	2	6	250	30	28	11	0,5	*
0,1	*	11	2	90	14	10	7	0,9	*
1,0	*	8	9	270	4	24	13	0,5	*
0,5	0,02	0	2250	49	96	17	19	1,7	*
0,4	*	80	3	211	21	15	40	0,4	*
2,1	*	20	28	350	16	54	39	1,1	*
0,9	0,03	10	1	204	8	21	9	0,5	0,02
3,3	0,15	17	13	1145	46	122	54	6,5	*
0,6	0,02	4	3	122	4	13	5	0,3	0,01
0,4	0,05	5	2	221	14	18	10	0,4	0,02
1,7	0,15	4	8	824	41	73	27	2,3	*
0,4	*	2	12	118	10	14	*	1,1	0,02
0,1	0,01	12	2	77	14	10	6	0,5	*
*	*	*	16	69	11	8	10	2,7	*
*	*	*	9	72	13	14	10	1,5	*
0,2	*	14	2	201	10	19	8	0,6	0,01
*	*	6	1	243	13	25	10	1,1	*

Lebensmittel 100g eßbarer Anteil	kcal	kJ	A in µg	E in mg	B_1 in mg	B_2 in mg
Sanddornbeeren roh	89	371	250	3,2	0,03	0,21
Saft	40	167	*	*	*	*
Stachelbeeren, roh	37	156	18	0,6	0,02	0,02
in Dosen	90	377	23	*	*	*
Wassermelone	37	156	87	*	0,05	0,05
Weintrauben, roh	68	282	5	0,7	0,05	0,03
getrocknet (Rosinen)	276	1156	5	*	0,1	0,1
Saft	68	286	*	*	0,04	0,02
Zitrone, roh, geschält	36	149	+	*	0,05	0,02
Saft	27	111	*	*	0,04	0,01

12. Süßwaren

Lebensmittel	kcal	kJ	A	E	B_1	B_2
Bienenhonig	325	1361	+	*	0,03	0,05
Bonbons, Hartkaramellen	388	1623	*	*	*	*
Milchkaramellen	393	1651	*	*	*	*
Brotaufstrich auf Nußbasis	514	2151	75	*	*	0,2
Eiskonfekt	522	2184	*	*	*	*
Energieriegel mit Haselnußcreme	461	1932	*	*	*	*
Geleefrüchte	329	1378	*	*	*	*
Gummibären, 100 g	328	1377	*	*	*	*
1 Stück zu 1,6 g	5	22	*	*	*	*
Kakaopulver, fettarm	272	1142	+	0,9	0,4	0,4
Kaugummi, 1 Stück zu 3,3 g	10	42	*	*	*	*
Krokant	451	1890	*	*	*	*
Lakritze	375	1571	*	*	*	*

Niacin in mg	B₆ in mg	C in mg	Natrium in mg	Kalium in mg	Kalzium in mg	Phosphor in mg	Magnesium in mg	Eisen in mg	Fluor in mg
0,3	0,11	450	4	133	42	9	30	0,4	*
*	*	266	6	209	*	*	9	*	*
0,3	0,02	34	1	203	24	30	15	0,6	0,01
*	*	10	1	98	11	9	*	0,3	*
0,3	0,07	6	1	158	11	11	3	0,4	0,01
0,3	0,07	4	2	192	18	20	9	0,5	0,01
0,5	*	1	21	782	80	110	41	2,3	0,06
0,2	0,02	1	3	148	12	12	9	0,4	0,01
0,2	0,06	53	3	144	19	16	28	0,6	0,01
0,1	0,05	53	1	138	11	11	10	0,1	*
0,1	*	1	7	45	5	20	3	1	*
*	*	*	*	*	*	*	*	*	*
*	*	*	*	*	*	*	*	*	*
*	0,14	*	44	442	130	201	59	3,9	*
*	*	*	*	*	*	*	*	*	*
*	*	*	*	*	*	*	*	*	*
*	**	*	*	*	*	*	*	*	*
*	*	*	*	*	*	*	*	*	*
*	*	*	*	*	*	*	*	*	*
3	0,1	0	60	1500	190	740	500	12	0,1
*	*	*	*	*	*	*	*	*	*
*	*	*	*	*	*	*	*	*	*
*	*	*	*	*	*	*	*	*	*

Lebensmittel 100g eßbarer Anteil	kcal	kJ	A in µg	E in mg	B₁ in mg	B₂ in mg
Marshmallows	333	1394	*	*	*	*
Marzipan	453	1895	0	*	0,08	0,45
Müsliriegel	375	1569	*	*	*	*
Nougat	500	2092	0	8,4	0,12	0,06
Orangeat	309	1294	*	*	*	*
Ovomaltine	381	1597	*	*	*	*
Pralinen	405	1695	*	*	*	*
Schokolade, halbbitter	507	2122	+	2	0,08	0,08
Schokoladenglasur	405	1696	*	*	*	*
Toffees	449	1881	*	*	*	*
Vanillinzucker	405	1697	*	*	*	*
Vollmilchschokolade	526	2200	+	1,9	0,1	0,35
gefüllt mit Joghurt	351	1468	*	*	*	*
mit Haselnüssen	556	2335	+	7	0,15	0,32
mit Trauben-Nuß	436	1825	*	*	*	*
Weinbrandbohnen	387	1620	*	*	*	*
Zitronat	292	1224	*	*	*	*
Zucker	400	1680	0	0	0	0

13. Alkoholika, Spirituosen

	kcal	kJ	A in µg	E in mg	B₁ in mg	B₂ in mg
Alkoholfreies Schankbier (0,04–0,06% Vol.)	28	119	0	0	+	0,02
Altbier (5% Vol.)	43	180	0	0	+	0,05
Apfelwein (5% Vol.)	45	189	*	*	*	*
Berliner Weiße mit Schuß	53	220	*	*	*	*
Bier mit Limonade	34	142	*	*	*	*
Bier, alkoholfrei	26	107	*	*	*	*

Niacin in mg	B₆ in mg	C in mg	Natrium in mg	Kalium in mg	Kalzium in mg	Phospor in mg	Magnesium in mg	Eisen in mg	Fluor in mg
*	*	*	*	*	*	*	*	*	*
1,5	0,06	2	50	210	90	220	120	2	0,03
*	*	*	*	*	*	*	*	*	*
0,4	*	1	3	155	75	125	65	3	0,01
*	*	*	*	*	*	*	*	*	*
*	*	*	*	*	*	*	*	*	*
*	*	*	*	*	*	*	*	*	*
0,7	*	0	15	450	60	220	150	3	0,05
*	*	*	*	*	*	*	*	*	*
*	*	*	*	*	*	*	*	*	*
*	*	*	*	*	*	*	*	*	*
0,4	*	+	95	400	245	235	40	3	0,08
*	*	*	*	*	*	*	*	*	*
0,6	*	1	80	440	240	250	65	3	0,08
*	*	*	*	*	*	*	*	*	*
*	*	*	*	*	*	*	*	*	*
*	*	*	*	*	*	*	*	*	*
0	0	0	+	2	2	+	+	+	*

0,62	0,04	0	3	40	5	20	7	+	+
0,76	*	0	*	49	4	29	11	+	+
*	*	*	1	120	10	7	5	0,5	*
*	*	*	*	*	*	*	*	*	*
*	*	*	*	*	*	*	*	*	*

Lebensmittel 100 g	kcal	kJ	A in µg	E in mg	B_1 in mg	B_2 in mg
Bockbier, hell, untergärig (7 % Vol.)	62	259	0	0	+	0,04
Branntwein (32 % Vol.)	117	743	*	*	*	*
(38 % Vol.)	210	882	*	*	*	*
Calvados (40 % Vol.)	313	1310	*	*	*	*
Champagner, trocken	79	330	*	*	*	*
Cherry-Brandy	305	1279	*	*	*	*
Cognac (40 % Vol.)	237	994	*	*	*	*
Curaçao (30 % Vol.)	318	1331	*	*	*	*
Dessertweine (16–18 % Vol.)	160	672	*	*	*	*
Diät-Vollbier (5 % Vol.)	33	140	0	0	+	0,03
Doppelbockbier, dunkel (8 % Vol.)	69	289	0	0	+	0,06
Eierlikör (20 % Vol.)	285	1192	*	*	*	*
Eiswein	98	410	*	*	*	*
Exportbier, hell (5 % Vol.)	47	195	0	0	+	0,04
Fruchtwein (8–10 % Vol.)	74	311	*	*	*	*
Genever (38 % Vol.)	194	812	*	*	*	*
Gin (45 % Vol.)	262	1099	*	*	*	*
Glühwein	105	438	*	*	*	*
Grand Marnier (32 % Vol.)	318	1331	*	*	*	*
Himbeergeist (40 % Vol.)	242	1015	*	*	*	*
Kalte Ente	101	421	*	*	*	*
Kirschwasser (40 % Vol.)	242	1015	*	*	*	*
Kölschbier (5 % Vol.)	42	176	0	0	+	0,03
Lagerbier (Vollbier), hell (5 % Vol.)	43	178	0	0	+	0,03

Niacin in mg	B₆ in mg	C in mg	Natrium in mg	Kalium in mg	Kalzium in mg	Phospor in mg	Magnesium in mg	Eisen in mg	Fluor in mg
1,27	*	0	3	72	4	50	12	+	+
*	*	*	*	*	*	*	*	*	*
*	*	*	*	*	*	*	*	*	*
*	*	*	*	*	*	*	*	*	*
*	*	*	*	*	*	*	*	*	*
*	*	*	*	*	*	*	*	*	*
*	*	*	*	*	*	*	*	*	*
*	*	*	*	*	*	*	*	*	*
*	*	*	2	100	10	10	8	0,5	0,02
0,71	*	0	4	45	4	31	10	+	+
1,4	*	0	2	79	3	51	13	+	+
*	*	*	*	*	*	*	*	*	*
*	*	*	*	*	*	*	*	*	*
0,95	*	0	2	51	3	36	10	+	+
*	*	*	2	100	10	6	*	0,5	*
*	*	*	*	*	*	*	*	*	*
*	*	*	*	*	*	*	*	*	*
*	*	*	*	*	*	*	*	*	*
*	*	*	*	*	*	*	*	*	*
*	*	*	*	*	*	*	*	*	*
*	*	*	*	*	*	*	*	*	*
*	*	*	*	*	*	*	*	*	*
0,78	*	0	6	48	4	26	9	+	+
0,91	*	0	2	46	2	32	8	+	+

Lebensmittel 100 g	kcal	kJ	A in µg	E in mg	B_1 in mg	B_2 in mg
Leichtbier, untergärig (2,5–3,0 % Vol.)	27	113	0	0	+	0,02
Liköre (30 % Vol.)	166	697	*	*	*	*
Madeirawein	167	699	*	*	*	*
Malzbier, Malztrunk (0,04–0,6 % Vol.)	48	199	0	0	+	0,03
Mandellikör (25 % Vol.)	318	1331	*	*	*	*
Obstbranntwein (40–45 % Vol.)	248	987	*	*	*	*
Pilsener Lagerbier (5 % Vol.)	43	179	0	0	+	0,03
Portwein	153	642	*	*	*	*
Qualitätswein, weiß (10–12 % Vol.)	70	294	0	*	*	*
Qualitätswein, rot (10–12 % Vol.)	74	311	0	*	*	*
Rotwein, leicht	66	277	*	*	*	*
schwer	78	328	*	*	*	*
Rum (40 % Vol.)	231	969	*	*	*	*
Sekt (11–12 % Vol.)	83	349	*	*	*	*
Sherry, trocken	117	489	*	*	*	*
Starkbier	60	250	*	*	*	*
Tokayer	152	637	*	*	*	*
Wacholderschnaps (40 % Vol.)	210	879	*	*	*	*
Weinbrand (38 % Vol.)	240	1003	*	*	*	*
Wermutwein	126	528	*	*	*	*
Whisky (43 % Vol.)	238	1000	*	*	*	*

Niacin in mg	B₆ in mg	C in mg	Natrium in mg	Kalium in mg	Kalzium in mg	Phosphor in mg	Magnesium in mg	Eisen in mg	Fluor in mg
0,7	*	0	2	34	4	25	8	+	+
*	*	*	*	*	*	*	*	*	*
*	*	*	*	*	*	*	*	*	*
0,53	+	0	7	27	4	17	7	0,1	+
*	*	*	*	*	*	*	*	*	*
0,79	0,06	0	3	50	4	31	10	+	+
*	*	*	*	*	*	*	*	*	*
*	0,02	*	1	110	10	12	10	0,5	0,02
0,02	0,02	*	1	120	10	15	12	0,5	0,02
*	*	*	*	*	*	*	*	*	*
*	*	*	3	50	10	10	8	0,5	0,02
*	*	*	*	*	*	*	*	*	*
*	*	*	*	*	*	*	*	*	*
*	*	*	*	*	*	*	*	*	*
*	*	*	*	+	+	*	*	*	*
*	*	*	*	*	*	*	*	*	*
*	*	*	140	+	+	+	+	*	*

In gleicher Ausstattung ist
bisher erschienen:

HEYNE BÜCHER

Josef Neumayer

Grüner Tee
Fit und gesund mit dem Getränk der Götter

In Europa erfreut sich grüner Tee immer größerer Beliebtheit. Der «Göttertrank» ist reich an Vitaminen und Mineralstoffen und wirkt sanft, aber nachhaltig anregend. Zahlreiche Beschwerden wie Migräne und Arteriosklerose kann außerdem durch den regelmäßigen Genuß des Tees vorgebeugt werden. Und auch in der Schönheitspflege wird grüner Tee inzwischen eingesetzt.

48/11